VAINCRE LA CELLULITE

Du même auteur

Huit Minutes par jour pour maigrir du bas,
Albin Michel, 2004.

Dictionnaire de l'insuffisance veino-lymphatique,
Phase 5, 1999.

Dr Philippe Blanchemaison

VAINCRE LA CELLULITE
avec la méthode R-FAT

Illustrations de Cécile Mazur

Albin Michel

Ouvrage publié sous la direction de Laure Paoli

Afin d'être suffisamment précis,
il était nécessaire de citer certaines marques commerciales.
Ces citations sont faites à titre gratuit et ne constituent pas
une appréciation sur les marques mentionnées.

Pour des raisons de lisibilité, nous avons choisi d'écrire
les marques déposées avec une majuscule, sans les faire
suivre du sigle ® (Fast Gym, Cellu M6,...)

Pour déterminer les dosages des produits cités,
consultez votre médecin traitant. Ne connaissant pas
le dossier médical des lecteurs, l'auteur ne peut indiquer
un dosage général qui pourrait ne pas convenir à tous.

Sommaire

Introduction 9
Chapitre 1 La cellulite en questions 19
Chapitre 2 Une nouvelle stratégie : la méthode R-FAT .. 33
Chapitre 3 Déterminez votre type de cellulite 37
Chapitre 4 Alimentation et activité physique 41
Chapitre 5 La cellulite avec rétention d'eau 47
Chapitre 6 La cellulite adipeuse 73
Chapitre 7 La cellulite fibreuse 97
Chapitre 8 La Fast Gym 119
Conclusion 137

Annexes 139
Quels traitements pour quelle cellulite ? 141
Lexique 145
Pour en savoir plus 173

Bibliographie 175

Introduction

Il est des domaines où la science et la médecine font peu de progrès. C'est le cas pour le traitement de la cellulite, qui n'a que peu évolué depuis le début du XXe siècle. Pourquoi ? Tout simplement parce que ce n'est pas une maladie !

En effet, le phénomène donnant rarement lieu à des complications, on compte sur les doigts de la main les études qui lui sont consacrées dans le domaine de la recherche médicale et dans les publications scientifiques. Tout au plus la cellulite est-elle évoquée en quelques lignes (au mieux, un chapitre !) dans les ouvrages médicaux traitant de l'obésité.

Le mot « cellulite » lui-même est d'ailleurs impropre. L'usage l'a imposé dans le langage courant, mais ce n'est pas un terme médical comme pourrait le laisser supposer le suffixe « ite » qui renvoie à une « inflammation » (comme dans appendicite ou sinusite). Or, même si elle est quelquefois douloureuse, la cellulite n'a rien d'un processus cellulaire inflammatoire. Il s'agit en fait d'une déformation du tissu graisseux situé juste sous la peau, qui provoque la fameuse « peau d'orange » à la texture particulière : au lieu d'être bien plate et bien lisse, elle se gondole en formant de petits capitons. Ceux-ci sont généralement considérés comme disgracieux si l'on se réfère aux critères de beauté abondamment illustrés par la presse écrite, la télévision et surtout la publicité. Mais ça n'a pas toujours été le cas. Au cours des âges et selon les cultures, les goûts et les couleurs ont souvent changé. On garde en mémoire les formes généreuses des Vénus callipyges de jadis et, plus près de nous, les sculptures d'Aristide Maillol qui décorent certains jardins de Paris témoignant du caractère éminemment variable des canons de la beauté au cours des âges.

La cellulite s'installe surtout au niveau des cuisses et des fesses, mais elle peut aussi se loger, plus rarement, sur les bras, le ventre, etc. Les médecins se sont longtemps accordés à considérer qu'elle était un tissu graisseux ordinaire qui s'installait de façon tout à fait banale : du tissu fibreux fait de fibres collagènes déformées lie la peau superficielle aux tissus sous-jacents et cloisonnent les compartiments contenant les cellules adipeuses. Lorsque ces dernières grossissent en stockant la graisse non éliminée par le corps, les compartiments gonflent et sont à l'origine de l'apparence gaufrée de la peau. Très simplement, pour les médecins, la cellulite n'est donc que l'une des nombreuses modalités de l'engraissement. Rien que de très ordinaire donc. Et pourtant…

Et pourtant, la cellulite fait deux ou trois fois par an la Une, non seulement des mensuels de santé mais aussi des magazines féminins et des grands hebdomadaires d'informations générales. C'est dire l'intérêt que le sujet suscite. Des ouvrages sont édités régulièrement et leur succès auprès du grand public témoigne de l'importance du phénomène au sein d'une société où les critères esthétiques tiennent souvent lieu de passeport (on peut le regretter, mais c'est une réalité incontournable).

Une enquête réalisée sur le plan national en 1997, publiée dans le *Quotidien du Médecin*[1] et concernant 3 260 fem-

1. Numéro du 11 février 1997.

mes révélait que, pour 33 % d'entre celles qui étaient âgées de moins de 49 ans, la cellulite était une obsession de chaque jour. À partir de 50 ans, elles n'étaient plus que 27 % à y penser quotidiennement. Cette enquête confirmait ainsi l'importance de la cellulite dans la vie des femmes mais montrait aussi (et surtout) qu'elles étaient nombreuses à en souffrir. D'abord pour elles-mêmes (« Je me sens dévalorisée par mon image corporelle ! »). Puis pour le désagrément subi dans un contexte social (« Difficile pour moi de m'habiller... et de me déshabiller, de me mettre en valeur, de porter un maillot de bain... je ressens les regards qu'on me jette comme des coups de poignard. Je sais qu'ils se posent sur moi pour une mauvaise raison ! »). Paradoxalement, au dernier rang dans l'ordre des désagréments venait le regard du compagnon. Les femmes célibataires souffraient davantage (41 %) que celles qui vivaient en couple (34 %). Comme si la présence du conjoint avait un effet atténuateur (ou peut-être, à tort ou à raison, le besoin de séduire n'était pas aussi vital !). Cette enquête est relativement ancienne (1997) mais gageons qu'une réédition, aujourd'hui, donnerait à peu près les mêmes résultats.

Pendant un siècle donc, peu de progrès en terme de traitements, puis la « machine » s'est subitement mise en marche et, en quelques années, on a pu relever des avancées et des prises de conscience importantes :

• **Première avancée : on a découvert que la graisse de la cellulite n'est pas aussi banale qu'on le pensait.** Et qu'elle est très différente de celle de l'obésité. Elle résiste notamment à tous les traitements habituels ; aux régimes alimentaires et aux exercices physiques. Ce phénomène, la plupart des femmes ayant suivi un régime draconien ont pu l'expérimenter : elles perdent beaucoup plus facilement du volume dans la partie haute du corps que dans la partie basse. Leurs joues se creusent, leurs épaules, leur poitrine fondent, mais leur cellulite est toujours là sur les hanches et les cuisses. Désespérément là ! Car maigrir du bas est une entreprise particulièrement difficile.

Aujourd'hui, on le sait donc, la cellulite n'a rien à voir avec l'obésité. Une femme de 1,68 m et pesant 55 kg, donc jugée mince selon les critères actuels, peut très bien présenter quelques centaines de grammes de cellulite bien visible – car mal placée – sur les hanches ou le haut des jambes. Dans la plupart des cas, cette déformation de la partie inférieure du corps est jugée comme profondément disgracieuse par les intéressées.

La particularité de la graisse cellulitique n'est pas son volume, mais son caractère « compacté », emprisonnée par les phénomènes de fibrose ou de rétention d'eau. Ces deux acteurs associés rendent cette graisse très difficile à mobiliser. Il a donc fallu trouver une méthode qui permette de quantifier le facteur dominant (rétention d'eau, adipose ou fibrose) qui détermine différents types de cellulite : cellulite avec rétention d'eau, cellulite plutôt adipeuse, cellulite plutôt fibreuse, ou encore cellulite associant deux facteurs. Cette distinction est importante puisqu'elle impliquera des traitements différents : la liposuccion, par exemple, sera réservée aux cellulites adipeuses, les drainages aux cellulites avec rétention d'eau et les massages avec « palpé roulé » aux cellulites fibreuses.

• Deuxième avancée : on a pris conscience du retentissement important de cette disgrâce sur la vie des femmes qui en sont affligées. Sur la perception de leur propre corps d'abord, mais aussi sur leur qualité de vie et sur leurs relations de couple.

C'est à ces deux prises de conscience que nous devons, depuis quatre ans, de nombreux travaux de recherche : justifiés par la fréquence croissante de ce trouble dans la population industrialisée, ils sont également motivés par la très forte demande venant des femmes qui en sont atteintes et souhaitent non seulement qu'on leur propose des solutions, mais aussi qu'on leur assure des résultats. À cet égard, une enquête Sofres révélait en 1998 que plus de 80 % des femmes s'estimaient abusées par la plupart des traitements proposés. Il était temps de faire quelque chose !

• Troisième avancée : on entrevoit enfin des solutions car aujourd'hui, les recherches commencent à porter leurs fruits. Et il se confirme que :
– Il est important de pratiquer une activité musculaire. Dissipons d'abord le malentendu qui dure encore entre le monde médical et les femmes à propos du sport. Il a été dit par d'éminents spécialistes qu'une heure de course à pied à la vitesse de 10 km/h – donc très soutenue – consommait moins de 300 kcal. Autant dire que cet effort intense brûlait tout juste l'équivalent… d'un croissant au beurre ! La réaction des femmes qui n'ont ni le goût ni le temps de faire du sport pour leur plaisir a été immédiate : « À quoi bon se donner tant de peine pour si peu d'effet ? ». Et cela d'autant plus que les mêmes spécialistes (toujours aussi éminents) ont aussi révélé qu'il fallait

chaque semaine au moins deux séances de quarante minutes d'activités sportives pour avoir un quelconque effet sur la résistance et l'activité cardio-pulmonaire !

Qu'on ne se méprenne pas : les spécialistes n'ont pas démérité. Ils ont raison et tout est exact ! Mais il est tout aussi vrai qu'il ne faut pas se contenter de raisonner sous cet angle, au risque d'arrêter toute activité sportive par simple démotivation. Car l'activité musculaire est indispensable, à tous. Même en dehors des traitements de la cellulite ! En effet, une étude effectuée par le Centre national d'Études spatiales, appelée étude Bed-Rest, a démontré que les muscles posturaux, ou muscles profonds, situés près des os, avaient quatre fois plus d'impact sur la circulation veineuse que les muscles superficiels. Or on sait que la qualité de la circulation sanguine a une influence décisive sur l'évolution d'une cellulite en étant un facteur important de la rétention d'eau. Un compte rendu des résultats de cette étude Bed-Rest a été publié dans une revue médicale spécialisée (*Angéiologie*, 2003, 55, 2, 64-67). Un an plus tard, dans cette même revue, nous proposions une nouvelle méthode de gymnastique vasculaire active. Connue du public sous le nom de Fast Gym, elle permet de renforcer les muscles posturaux par des mouvements très spécifiques pratiqués quotidiennement pendant une dizaine de minutes.

Bien sûr, cette gymnastique est sélective et les séances sont très courtes. Elle ne vise évidemment pas à transformer une femme sédentaire en athlète de haut niveau. Mais elle lui permet au moins de conserver le tonus musculaire minimum de ses muscles posturaux, ceux qui l'aident à garder un système veineux en bon état. Dans cet ouvrage, nous rappellerons les principes de cette gymnastique posturale et nous les associerons à une autre technique, nouvelle elle aussi, qui vise à améliorer le galbe des jambes et des hanches, et à éviter le phénomène de fibrose qui entoure la graisse cellulitique, la rend « compactée » et donc difficile à déloger.

– **Les crèmes amincissantes, ça marche !** C'était le titre du magazine *60 millions de consommateurs* du mois d'avril 2004. Certes, l'importance de l'événement était tout à fait relative comparée à l'état du monde à l'époque. L'information a pourtant fait l'ouverture des journaux télévisés et radiophoniques. Émanant d'un journal qui a la réputation d'avoir la « dent dure », et qui est patronné par des associations de consommateurs et donc totalement indépendant des groupes pharmaceutiques et cosmétiques, cette révélation avait de quoi surprendre. Elle est à rapprocher des études précédentes (réalisées en 1994, 1998, 2000) qui, toutes, avaient conclu à l'inefficacité des crèmes amincissantes. L'étude des dossiers de ces nouvelles crèmes, sorties au cours de l'année 2004, montre des progrès importants (auparavant, seule la caféine avait fait la preuve de son efficacité) dans les principes actifs et les formes galéniques de ces produits. Dans cet ouvrage, nous évoquerons les principes actifs de ces nouvelles substances pour permettre à chacune d'entre vous de faire son choix.

– **On a identifié ce qui, dans l'alimentation moderne, favorisait le phénomène de rétention d'eau.** Or, nous verrons rapidement que cette rétention d'eau (œdème) est un des acteurs prédominants de la cellulite. Certes, plusieurs mécanismes complexes entrent en jeu dans la rétention d'eau. Ils sont circulatoires, hormonaux, génétiques, mais l'alimentation joue aussi un rôle de plus en plus important. Nous y reviendrons en parlant notamment des « aliments éponges », des plats « tout prêts » mais aussi des aliments à effet drainant permettant la mise en œuvre d'un véritable régime anti-rétention d'eau. Associé aux conseils alimentaires agissant sur la masse grasse et la fibrose, c'est un véritable régime anti-cellulite que nous vous présenterons dans les chapitres qui suivent.

– **Et enfin, la physio-, l'hydro-, la kinésithérapie et les soins en instituts de beauté se sont considérablement développés** et leurs résultats s'en trouvent améliorés.

Faisant la synthèse de toutes ces « bonnes » nouvelles, nous avons ainsi mis au point la méthode R-FAT (pour **R**étention d'eau, **F**ibrose et **A**dipose des **T**issus, les trois acteurs qui identifient les trois types de cellulite de base). Cette méthode permet, en fonction de chaque type de cellulite, d'associer les meilleures crèmes, les gélules les plus adaptées, le régime alimentaire le plus efficace, les exercices physiques les plus performants, et les meilleurs soins en institut de beauté, en kinésithérapie, hydrothérapie ou thalassothérapie. Sans négliger les traitements médicaux ou chirurgicaux appropriés à chaque cas.

Un exemple ? Pour une cellulite avec rétention d'eau, on choisira des crèmes et des gélules à action drainante, un régime anti-rétention d'eau spécifique, une gymnastique active sur le retour veineux, des soins en institut ou en centre d'hydrothérapie favorisant les méthodes de drainage (aquadrainage lymphatique) et, en milieu médical, des injections de substances drainantes. Dans ce cas de figure particulier, par exemple, la liposuccion ne présentant aucun intérêt, nous vous la déconseillerons : elle donnerait à coup sûr des résultats décevants.

Avant de passer à l'action, cet ouvrage vous permettra également de déterminer avec précision, grâce à un questionnaire que j'ai baptisé Liposcore, le type auquel appartient « votre » cellulite. Notez enfin que la quasi-totalité des recommandations et la méthode proposée dans ce livre ont fait l'objet de publications dans des journaux médicaux.

Une dernière remarque : nous vivons à une époque où le temps est une marchandise précieuse et, souvent, nous négligeons le « pourquoi » et le « comment » pour nous contenter des résultats. Un choix parfaitement justifiable dans bien des cas : pas besoin de connaître en détail les principes du moteur à explosion ou les multiples langages informatiques pour conduire une voiture ou se servir d'un ordinateur. En outre, s'ils tombent en panne, on peut en changer dans l'heure. En revanche, pour ce qui est de son corps, on n'en a qu'un et il doit servir le plus longtemps possible. La moindre des choses est de savoir comment il fonctionne. S'inquiéter de l'action sur le corps d'une pilule qu'on vous propose d'avaler, savoir pourquoi tel aliment est préférable à tel autre… c'est gagner du temps en gagnant du savoir, et c'est surtout faire un grand pas vers la solution d'un problème. C'est pourquoi nous vous invitons à ne pas faire l'impasse sur les descriptions des mécanismes et des principes actifs des méthodes et des produits que nous proposons. Ils vous aideront à vous faire une idée plus précise de votre propre cas et surtout à garder un regard critique sur les multiples solutions que proposent souvent les faiseurs de miracles « sans efforts ».

Se débarrasser totalement et pour toujours de sa cellulite est illusoire ; la réduire et éviter qu'elle ne prolifère est possible. C'est affaire de résolution, de connaissance et souvent d'organisation.

À vous de prendre votre cellulite à bras-le-corps !

1

La cellulite en questions

Quelques définitions à connaître d'abord, parce que certains mots reviendront souvent dans cet ouvrage. Vous les trouverez un peu barbares au début, retenez-les néanmoins. Ils vous seront rapidement familiers et vous pourrez les employer en connaissance de cause.

Les **adipocytes** sont des cellules graisseuses (adipeuses) situées dans l'hypoderme (sous la peau) et dont la fonction est essentiellement de stocker les lipides (les graisses) qui ne sont pas métabolisés par le corps.

Adipo- et **lipo-** sont deux préfixes utilisés indifféremment. L'un et l'autre veulent dire graisse ; en latin pour le premier et en grec pour le second. Ainsi l'**adipolyse**, la mobilisation (autrement dit la fonte) du tissu graisseux de réserve, est également appelée **lipolyse** ; de la même façon, l'**adipogenèse** est la fabrication et le stockage du tissu graisseux, tout comme la **lipogenèse**. Pourquoi les spécialistes ne se fixent-ils pas sur l'un ou l'autre de ces préfixes, pour simplifier ? C'est une bonne question, mais je n'ai malheureusement pas de réponse à vous donner.

L'**adipose** correspond à une augmentation du volume des adipocytes (cellules graisseuses) associée à un dysfonctionnement chronique de leur métabolisme (d'où le suffixe « ose »). Ce mécanisme est lié à l'altération du fonctionnement d'une enzyme clé, la lipoprotéine lipase (LPL) et d'une hormone de découverte plus récente, la leptine. Ces altérations peuvent être d'origine génétique, hormonale ou vasculaire.

Action drainante et drainage. Certaines molécules, comme les extraits actifs de pépins de raisin, ont une action drainante, c'est-à-dire qu'ils favorisent la résorption de l'eau depuis les tissus interstitiels vers les capillaires veineux et lymphatiques. D'autre part, ils diminuent la perméabilité des capillaires artériels, et évitent qu'un excès d'eau soit filtré. Le terme de drainage, lui, est utilisé pour les actions mécaniques de pression externe ayant le même objectif : favoriser les mouvements d'eau depuis le tissu interstitiel vers les capillaires lymphatiques. On pratique le drainage lymphatique manuel, le drainage lymphatique pneumatique ou pressothérapie et l'aquadrainage lymphatique (nouvelle méthode d'aquagymnastique).

Qu'est-ce que la cellulite ?

La cellulite c'est d'abord du gras, mais pas n'importe quel gras. C'est une graisse superficielle, localisée juste sous la peau, surtout dans la partie basse du corps, parfois jusqu'aux chevilles. Elle se distingue de la graisse profonde, plus proche des muscles, appelée « stéatomérie ». C'est sur cette graisse profonde que l'on pratique la liposuccion (ou lipoaspiration). Ce qui explique que cette technique améliore davantage le volume que l'aspect de la peau : lorsqu'on fait une liposuccion, on retire de la graisse profonde, donc du volume. On peut gagner ainsi une taille ou deux de vêtements, mais la graisse superficielle, celle qui définit la cellulite, reste visible et le phénomène de peau d'orange peut persister. D'où le fait qu'on peut avoir de la cellulite sans être grosse et même en étant authentiquement mince !

L'aspect « peau d'orange », permanent ou apparaissant lorsqu'on se pince la peau en position debout ou couchée, suffit pour diagnostiquer la cellulite. Les localisations les plus fréquentes sont la face externe des cuisses (on parle alors de graisse fémorale ou plus prosaïquement de « culotte de cheval ») et la face interne des genoux.

Quelles formes la cellulite peut-elle prendre ?

Ce qui intéresse au premier chef le médecin lorsqu'il est face à une patiente venue pour sa cellulite, c'est de pouvoir quantifier, le jour de la consultation, l'importance relative des trois principaux acteurs du phénomène : rétention d'eau, adipose et fibrose. Selon la prédominance de l'un ou l'autre des acteurs, apparaîtront trois formes de cellulite : œdémateuse (avec rétention d'eau), adipeuse ou fibreuse. Certains acteurs peuvent être à égalité ; en général adipo-œdémateuse (adipeuse avec rétention d'eau) ou adipo-fibreuse.

Comment la cellulite s'installe-t-elle ?

Sous notre peau, la petite couche de cellules graisseuses, d'une épaisseur de 4 à 6 mm, constitue ce que l'on appelle l'hypoderme. Cette couche graisseuse isolante est constituée d'adipocytes (littéralement « les graisseuses »). Lorsque nous consommons des matières grasses, des sucres ou des calories en excès par rapport à nos besoins, nous stockons automatiquement ces surplus, en prévision des mauvais jours, dans la couche graisseuse sous-cutanée. Ainsi, celles qui refusent les pâtisseries sous l'élégant prétexte que, chez elles « ça tombe tout de suite sur les cuisses ! » ont donc raison d'une certaine manière.

C'est le même mécanisme que l'on retrouve dans l'obésité mais, nous allons le voir, l'identification s'arrête là.

La répartition de ces graisses sur le corps dépend des hormones : chez les hommes, la testostérone, ou hormone mâle, favorise le dépôt graisseux sur les épaules et le ventre. Chez les femmes, les œstrogènes, ou hormones féminines, favorisent le dépôt sur les hanches et les cuisses.

Là où le mécanisme diffère de la simple obésité, c'est qu'il peut s'associer à deux autres phénomènes qui prennent plus ou moins d'importance, la rétention d'eau et la fibrose, et ne toucher que la partie superficielle de la graisse, constituant ainsi la cellulite. Au fur et à mesure que les lobules graisseux qui contiennent les adipocytes vont grossir, de l'eau va s'accumuler entre les cellules et, surtout, un phénomène de fibrose (voir p. 28) va se produire autour d'eux.

Chez l'homme

- Le tissu adipeux représente environ 18 à 25 % de son poids.
- On le trouve surtout sur le buste (cou, épaules, poitrine) et au niveau de l'estomac.
- L'homme ne possède que peu de graisse sur les hanches et les cuisses.

Chez la femme

- Le tissu adipeux représente environ 20 à 30 % de son poids.
- Une femme est, physiologiquement, un peu plus grasse qu'un homme.
- La majeure partie de la graisse est répartie sur le bas du corps : fesses, hanches et cuisses.

Comment s'explique le phénomène de rétention d'eau ?

Le corps d'une femme (ou d'un homme) de 40 ans pesant 55 kg contient environ 30 litres (soit 30 kg) d'eau ! Les 3/5 (soit 18 litres) constituent l'eau intracellulaire. Elle entre dans la composition des muscles, des os, de la peau. On ne doit pas y toucher. 4 litres d'eau « extra-cellulaire » circulent dans le sang, les liquides digestifs, la salive, la moelle épinière…

Restent alors 8 litres d'eau interstitielle qui baigne nos cellules, les « lave » et ne doit jamais rester immobile, sauf à être la source de quelques désagréments. Chaque jour, en effet, ces 8 litres d'eau sortent des artères et sont réabsorbés par les veines et les vaisseaux lymphatiques. Pour que le travail soit parfait, il faut que la même quantité d'eau sorte puis soit réabsorbée. Au moindre déséquilibre, en cas de mauvaise circulation veineuse ou lymphatique, par exemple, ou si les vaisseaux sont trop perméables à la suite d'un déséquilibre hormonal, l'eau en excès stagne entre les cellules. C'est la fameuse rétention d'eau. Et cette eau « en trop » déforme la partie basse du corps au même titre qu'un stockage de graisse.

La rétention d'eau peut également provenir d'une intolérance alimentaire ou d'un défaut d'élimination de certaines protéines chimiques ou de sel, mais nous y reviendrons.

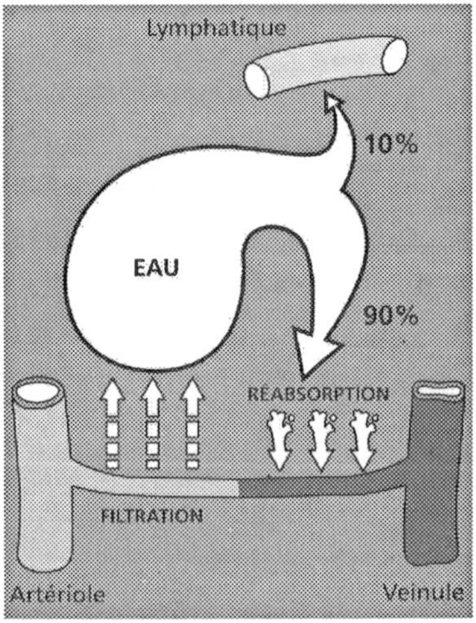

Les mouvements de l'eau dans l'organisme et la rétention d'eau.

Chaque jour, 8 litres d'eau sortent de nos artérioles (filtration), lavent nos cellules, puis sont réabsorbés par nos veinules et nos lymphatiques. On parle de rétention d'eau lorsque la réabsorption de l'eau est inférieure à sa filtration. De l'eau en excès reste dans les tissus. Les causes peuvent être une mauvaise circulation veineuse ou lymphatique, un déséquilibre hormonal, une inflammation ou une modification de concentration de protéines dans le sang ou dans les tissus.

Certains médicaments peuvent aussi être à l'origine de la rétention d'eau ou au moins l'aggraver. C'est le cas des produits utilisés pour combattre l'hypertension artérielle, les inhibiteurs calciques, ainsi que des corticoïdes, des dérivés nitrés et de l'amantadine.

Enfin, il existe une rétention d'eau en cas de déséquilibre hormonal entre œstrogènes et progestérone ou lors d'un syndrome lié à un problème thyroïdien. Seul un médecin expérimenté dans l'équilibre hormonal peut évoquer et confirmer ce diagnostic.

Qu'entend-on par mauvaise circulation ?

Il y a quatre sortes de vaisseaux : les artères, les veines, les capillaires et les lymphatiques. Chacun d'eux est susceptible d'entraîner des effets différents en cas de dysfonctionnement.

– *La mauvaise circulation artérielle* se traduit par la survenue d'une douleur dans les mollets lors de la marche qui peut être si intense qu'elle oblige la personne à faire des pauses de façon répétitive. On appelle cela « artérite ». Elle ne joue aucun rôle dans la rétention d'eau.

– *La mauvaise circulation capillaire* se traduit au niveau des jambes par des sensations de pieds froids ou par un aspect marbré de la peau. Ce problème n'est pas non plus à l'origine de la rétention d'eau.

– *La mauvaise circulation veineuse* correspond à des sensations de jambes lourdes, gonflées, à l'apparition de varices ou de varicosités sur les jambes ou de bleus spontanés. C'est l'une des grandes responsables du problème qui nous préoccupe.

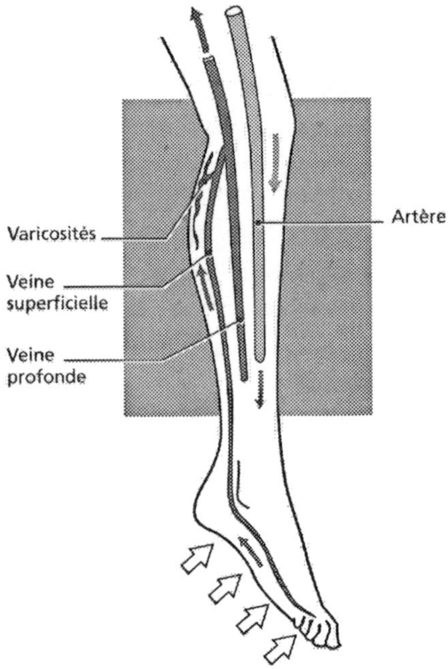

La circulation sanguine

Les artères amènent le sang chargé en oxygène et en nutriments depuis le cœur vers nos cellules. Puis les veines ramènent le sang chargé en gaz carbonique et en déchets vers le cœur. La mauvaise circulation des veines correspond à leur dilatation excessive.

– *La mauvaise circulation lymphatique* se manifeste par des pieds et des chevilles gonflées. Un phénomène qui peut s'étendre jusqu'aux orteils, caractéristique d'une atteinte lymphatique. Comme la mauvaise circulation veineuse, ce phénomène peut se traduire par une rétention d'eau.

Qu'est-ce qui fait gonfler les jambes ?

Une quantité d'eau excessive dans les tissus interstitiels (jambes ou pieds gonflés) peut être liée à quatre causes :
– *Un déséquilibre hormonal.* C'est la cause la plus fréquente. Les femmes qui y sont sujettes verront leur visage, leurs doigts et leurs jambes gonfler avant les règles, ou présenteront des douleurs au niveau des seins ou du bas-ventre.
– *Une mauvaise circulation* (veineuse ou lymphatique) due à des veines trop dilatées et aux parois fragiles, soit pour des raisons héréditaires, soit à cause d'une trop grande sensibilité à des facteurs du mode de vie actuel tels l'alimentation moderne, la sédentarité, le stress…
– *Un excès de perméabilité des vaisseaux.* Parmi les facteurs de cette perméabilité, l'inflammation. C'est ce qui se produit lorsqu'on subit un traumatisme comme une entorse et que la cheville gonfle. C'est un mécanisme de défense de l'organisme qui accélère ainsi la réparation des ligaments qui ont été distendus. Des médiateurs de l'inflammation sont apportées sur place par le sang et ont pour mission de rendre le vaisseau plus perméable pour faciliter le passage des globules blancs vers les tissus pour réparer les cellules et attaquer les germes introduits en cas de plaie. Ce passage des globules blancs s'accompagne d'un passage d'eau plus important, d'où les gonflements que l'on observe dans toute réaction inflammatoire.
– *La présence de molécules « éponges ».* Certes, le sel et le sucre ont pour effet d'« aspirer » et de retenir l'eau. Il faut donc se méfier d'une alimentation trop salée ainsi que d'un excès de sucre industriel provenant de gâteaux, de sucreries, de sodas, de produits laitiers édulcorés. Mais de plus

en plus, on évoque la responsabilité de certaines protéines qui, dans certains cas, peuvent devenir nocives. En particulier lorsqu'elles sont incomplètement dégradées par l'activité digestive. Les produits transformés de l'alimentation moderne ont fait des progrès extraordinaires en matière de conservation et d'élimination des bactéries, au détriment du goût qui se trouve le plus souvent altéré. Or, il est possible d'améliorer le goût d'un aliment devenu insipide ou trop sec à la suite de transformations en y ajoutant des produits chimiques qui retiennent l'eau et modifient la texture. Des protéines émollientes, par exemple, qui sont capables d'adoucir et d'amollir un produit trop sec ou trop dur. Le jambon, par exemple, n'est pas bon s'il est trop sec. Et on améliore sa saveur en lui associant des produits émollients et humectants qui vont augmenter la quantité d'eau qu'il contient.

La plupart des individus métabolisent complètement ces produits chimiques de l'industrie agroalimentaire que l'on retrouve dans la majorité des aliments transformés et conservés, et particulièrement dans les produits complexes tels les plats préparés à l'avance, les soupes… Mais, chez certaines personnes, ça se passe mal et ces molécules se retrouvent sous forme de peptides dans le sang, puis dans les tissus interstitiels où ils se comportent comme de véritables éponges et retiennent l'eau dans les tissus.

D'où vient la fibrose ?

La fibrose vient d'une modification des fibres collagènes qui entourent normalement les cellules graisseuses. Ces fibres collagènes sont l'un des éléments constituants de ce que l'on appelle le « tissu conjonctif », qui assure la jonction entre les cellules ou les amas de cellules.

À l'état normal, ces fibres collagènes sont parfaitement souples. Avec les années, elles se modifient petit à petit si elles sont soumises à des déséquilibres. Comme la « glycation » du collagène, par exemple, une combinaison des fibres de collagène avec des molécules de glucose (de sucre). Le collagène est la protéine la plus importante dans le corps humain. Elle se présente comme un collier dont chaque perle correspond à un acide aminé. Les liaisons entre chacune des perles sont souples comme peut l'être le fil sur lequel les perles sont enfilées. Ces liaisons entre les acides aminés se rigidifient lorsque des molécules de glucose, c'est-à-dire de sucre, se combinent avec les fibres de collagène. Tout se passe comme si l'on troquait le fil souple du collier de perles contre un fil de métal rigide.

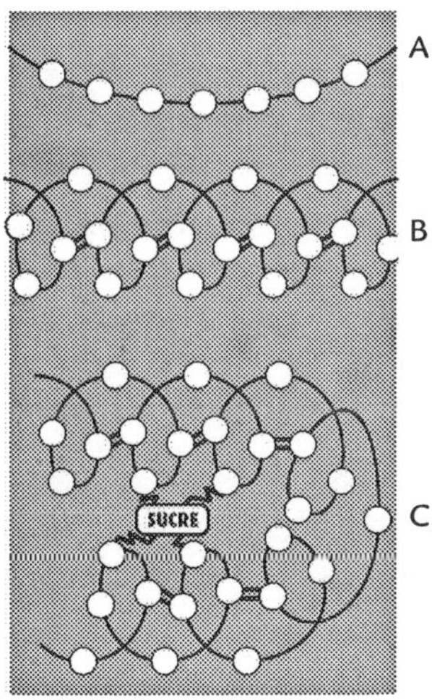

Comment l'excès de sucre peut abîmer le collagène

Le collagène est une protéine. Elle se présente comme un collier de perles (A). Chaque fibre est structurée comme un ressort, décrivant une spirale (B). Sa structure permet au collagène de soutenir nos cellules. Elle peut être modifiée par l'interaction entre les acides aminés (les perles du collier) et les molécules de sucre en excès (C).

Ces nouvelles molécules de collagène rigidifiées créent la fibrose qui va entourer la graisse de la cellulite et la rendre « compactée » et extrêmement difficile à déloger, même avec un régime draconien ou des exercices physiques à outrance. Cette gangue fibreuse, caractéristique de la cellulite et visible en microscopie électronique, est absente chez l'obèse.

Conclusion rapide (nous y reviendrons dans notre chapitre consacré à la nutrition) : pour limiter ce phénomène de fibrose du collagène qui rend la graisse compactée, caractéristique de la cellulite, évitons la consommation de sucre industriel. Attention, le sucre ne constitue en aucun cas un poison. C'est l'excès de sucre qui est préjudiciable. Le sucre que l'on consomme est métabolisé en partie au niveau du foie, en partie au niveau du cerveau et des organes périphériques, mais la plus grande part est consommée au niveau de nos muscles. Manger du sucre est sans danger si l'on pratique des activités physiques ou si l'on est pourvu d'une masse musculaire suffisamment importante pour le « brûler ». Sinon l'excédent est mal métabolisé et peut favoriser ce phénomène de glycation du collagène qui conduit très progressivement, après plusieurs années, au phénomène de cellulite fibreuse.

Comment reconnaître le type de cellulite ?

Le regard clinique suffit au spécialiste, dans la majorité des cas, pour distinguer les trois formes de cellulite. Mais pour vous qui n'êtes pas spécialiste, *a priori*, nous avons élaboré un test en 20 questions, le Liposcore, qui vous permettra d'évaluer par vous-même votre cellulite.

Sachez toutefois que le phénomène de rétention d'eau existe si la réponse est positive à au moins une des questions suivantes :

Éprouvez-vous des sensations de pieds ou de chevilles gonflés en fin de journée, ou à la chaleur ?

– Éprouvez-vous des sensations de gonflement avant ou pendant les règles ?

– Avez-vous constaté des variations de poids supérieures à un kilo en moins de 48 heures ?

La fibrose, elle, est évidente à la palpation lorsqu'elle existe : la cellulite est durcie (on dit aussi indurée). Quant à l'adipose, elle prédomine lorsque le volume de l'hypoderme est augmenté (le gras). Pour confirmer ce diagnostic, rendez-vous p. 37 et répondez aux 20 questions du Liposcore.

2

Une nouvelle stratégie : la méthode R-FAT

Il faut d'emblée distinguer les « causes » des « acteurs » de la cellulite. Les premières sont au nombre de cinq : génétiques, hormonales, vasculaires, alimentaires et neurologiques, mais nous y reviendrons plus loin. Pour ce qui est des acteurs, nous avons pu voir que trois mécanismes sont à l'origine de la cellulite : la **rétention d'eau**, liée essentiellement à une mauvaise circulation sanguine ; la **fibrose**, due à une rigidification des fibres collagènes qui entourent les cellules graisseuses et enfin l'**adipose**, processus de stockage des graisses par augmentation du volume ou du nombre de cellules graisseuses appelées adipocytes. Chacun de ces trois acteurs est plus ou moins prépondérant, ce qui permet de définir trois types de cellulite de base selon une classification appelée R-FAT[2]. Pour être traitée avec quelque chance de succès, chacune de ces cellulites doit bénéficier d'un traitement spécifique agissant sur chacun des trois mécanismes.

Dans un premier temps, il convient de définir le type auquel peut être rattachée votre cellulite grâce à un ques-

2. Comme Rétention d'eau, Fibrose, Adipose des tissus, mais également comme *Reduce FAT* en anglais

tionnaire simple, le Liposcore. Vient ensuite la phase de traitement proprement dite qui peut comporter sept volets :
– Les conseils alimentaires
– Les activités physiques et les mouvements de gymnastique
– L'usage de crèmes en massages
– Les gélules à avaler
– Les soins en institut de beauté et en kinésithérapie
– Les soins en thalassothérapie et en cures d'hydrothérapie
– Les traitements médicaux ou chirurgicaux.

C'est le type de cellulite et la prédominance de l'un ou l'autre des trois acteurs principaux, qui vous guidera dans le choix des volets thérapeutiques à mettre en œuvre pour arriver à une solution.

Cette approche analytique de la cellulite, qui tient compte de son élément constitutionnel dominant, a le mérite de permettre l'orientation du traitement en fonction de chaque type de cellulite.

Des protocoles peuvent ainsi être proposés à chaque niveau de traitement : régime alimentaire, type de gymnastique, principes actifs à rechercher dans les crèmes amincissantes ou les gélules, soins en institut de beauté, chez un kinésithérapeute, un médecin ou un chirurgien esthétique.

Notez enfin qu'en pratique, le bilan initial met quelquefois en évidence l'association de deux facteurs, donnant des cellulites mixtes, adipeuse avec rétention d'eau, par exemple. Une combinaison des techniques et des principes actifs doit alors être envisagée.

Une telle approche, si elle permet de contrecarrer les effets dus aux « acteurs », ne peut toutefois pas intervenir directement sur la ou les « causes » de la cellulite dont nous avons vu qu'elles pouvaient être génétiques, hormonales, vasculaires, métaboliques ou neurologiques. Comme dans tout processus chronique, la part liée au terrain et à la génétique n'est pas accessible, et la part liée au facteur de risque et à l'environnement nécessite une action à long terme sur l'alimentation, sur les exercices physiques et sur le stress.

Le fait d'avoir ou de ne pas avoir de cellulite vient en grande partie d'un équilibre à trouver entre d'un côté, la sédentarité, la consommation de graisses cuites, de sucres industriels et d'additifs alimentaires chimiques, le stress et le manque de temps qui incite à consommer des aliments tout prêts, et de l'autre des compensations sous la forme de renforcement de la musculature (en particulier celle des muscles posturaux profonds), de port d'une contention, d'utilisation de plantes ou de substances qui font perdre de l'eau ou du gras, de la mise en œuvre de méthodes telles le drainage lymphatique, l'aquadrainage ou le Cellu M6. Seuls une hygiène de vie correcte et des traitements judicieusement sélectionnés peuvent compenser ce déséquilibre.

3

Déterminez votre type de cellulite

Pour savoir si votre cellulite est plutôt avec rétention d'eau (liée à une mauvaise circulation veineuse ou lymphatique), adipeuse (excès de masse graisseuse) ou fibreuse (indurée du fait de la perte de souplesse des fibres collagènes qui entourent les adipocytes), répondez aux questions suivantes. Vous avez bien sûr la possibilité de choisir plusieurs options pour certaines questions.

Test Liposcore :
votre type de cellulite en 20 questions

1. Vous avez...
- moins de 30 ans..A
- entre 30 et 50 ans ....B
- plus de 50 ans..C

2. Dans votre famille, avez-vous déjà entendu d'autres femmes se plaindre...
- de gonflement des jambes ....A
- d'excès de poids ....B
- de cellulite « indélogeable » C

3. Votre cellulite est présente sur...
- une seule région de votre corps
(les hanches ou la face interne des genoux) ....B
- ou de façon diffuse sur les hanches et les jambes ....A

4. Avez-vous un excès de poids par rapport à votre « poids de forme » (celui où vous vous sentez en forme) ?
- Oui, mais variable d'une semaine à l'autre ....A
- Oui, mais variable d'un âge à l'autre
(adolescence, grossesse, ménopause) ....B
- Oui, toujours stable ou croissant C

5. Souffrez-vous d'une sensation...
- de gonflement des chevilles ....A
- de jambes lourdes ....B
- de douleurs au pincement de la peau des jambes C

6. Avez-vous constaté l'apparition...
- de veinules visibles sur vos jambes ....A
- de bourrelets graisseux ....B
- de zones indurées dans la moitié inférieure du corps
par rapport à la partie supérieure C

7. Vous estimez avoir de la cellulite...
- depuis moins de un an ....A
- de un à cinq ans ....B
- depuis plus de cinq ans C

8. Dans votre régime alimentaire, vous avez une préférence...
- pour les aliments salés...B
- pour les aliments gras C
- pour les aliments sucrés...A

9. Dans la répartition de votre alimentation, vous mangez...
- surtout le matin ....A
- surtout le soir...B
- entre les repas..C

10. En terme d'activités physiques, vous (ne) pratiquez ...
- aucune activité nécessitant de l'endurance ....B
- aucune activité entraînant une sudation ....A
- moins de 1 heure de marche par jour C

11. Votre poids peut-il varier de 1 à 3 kilos en moins de 48 heures ?
– Oui ....A

12. Si vous portez des chaussettes, laissent-elles une empreinte sur la peau ?
– Oui ....A

13. Vos règles sont-elles extrêmement abondantes ou irrégulières ?
– Oui ....A

14. Ressentez-vous des douleurs au niveau du bassin pendant les règles ?
– Oui ....A

15. Vous faites-vous souvent des bleus sur les jambes, même pour un choc minime ?
– Oui ....A

16. Ressentez-vous des sensations de faim dans la journée ?
– Oui ....B

17. Lorsque vous êtes contrariée, mangez-vous plus que d'habitude ?
– Oui ....B

8. Avez-vous déjà grossi après avoir pris une pilule contraceptive ou un traitement hormonal ?
– Oui ....B

19. Avez-vous tendance aux malaises hypocaloriques ou aux coups de fatigue brutaux dans la journée ?
– Oui C

20. Si vous faites un régime draconien, maigrissez-vous du haut et rarement du bas ?
– Oui C

Faites maintenant le compte des lettres que vous avez sélectionnées.

Résultats : ....9...... A ....4...... B ....7...... C

- Majorité de A : **cellulite avec rétention d'eau**
- Majorité de B : **cellulite adipeuse**
- Majorité de C : **cellulite fibreuse**

Dans certains cas, vous pourrez obtenir :

- autant de A que de B : votre **cellulite** est **mixte adipeuse avec rétention d'eau.**

Votre premier objectif sera de limiter les graisses et donc d'« attaquer » votre cellulite adipeuse, en suivant les recommandations du chapitre concerné (p. 73). Dès les premiers résultats obtenus, vous suivrez les recommandations spécifiques à la cellulite avec rétention d'eau (p. 47).

- autant de B que de C : votre **cellulite** est **mixte adipo-fibreuse.**

Votre premier objectif sera de limiter les graisses et donc d'« attaquer » votre cellulite adipeuse, en suivant les recommandations du chapitre concerné (p.73). Dès les premiers résultats obtenus, vous suivrez les recommandations spécifiques à la cellulite fibreuse (p. 97).

- autant de A que de C : ces deux formes de cellulite sont exceptionnellement simultanées chez une même personne. Si toutefois le cas se produisait, refaites le test. Une erreur ou deux réponses contradictoires se sont probablement glissées dans votre premier essai.

4

Alimentation et activité physique

Le vrai problème n'est pas tant d'établir un énième régime que de trouver une solution adaptée à la vie de chacune. Il y a quelques grands principes qu'il faut s'efforcer de respecter, mais il y a surtout beaucoup de cas de figure individuels. Dès qu'on parle alimentation, par exemple, on se heurte aux différences de goût, de modes de vie et d'habitudes... on est confronté aux contraintes familiales, professionnelles, géographiques...

Pour être réellement pratique, un régime devrait donc être individuellement prescrit et prendre en compte tous les types de personnalités possible : les pressées qui n'ont jamais le temps, les paresseuses qui n'ont pas le courage, les démotivées qui n'ont pas envie, les désinformées qui ne savent pas... tout autant que les volontaires qui sont prêtes à faire tous les efforts nécessaires pour arriver à un résultat. Un traité en 10 volumes n'y suffirait pas.

C'est donc quelques généralités que nous allons édicter. À vous de suivre ou d'adapter ces conseils à votre cas particulier.

Alimentation : contrôler c'est prévoir

Les grands principes d'une bonne alimentation pourraient être résumés de la façon suivante :

1 - Entretenir une motivation permanente. Pour cela, rien de tel qu'un bon suivi des informations et surtout qu'une connaissance des mécanismes et du fonctionnement intime de notre corps.

2 - Préparer à l'avance. Pour bien gérer sa santé et celle de ses proches, il est nécessaire de prévoir et de ne pas attendre d'avoir faim pour se jeter indistinctement sur ce qui est disponible dans les placards ou dans le réfrigérateur. Rien de tel pour avaler n'importe quoi ; et ce n'importe quoi est rarement « bon pour la santé ».

Prévoyez donc une demi-journée par semaine que vous consacrerez aux courses et à la préparation de provisions pour subvenir aux besoins quotidiens ainsi qu'aux pulsions et aux petites faims qui manquent rarement de survenir au retour du travail ou de l'école.

Le bio

Les produits bio sont issus d'une agriculture naturelle, sans pesticides ni engrais de synthèse. Ils portent le logo officiel vert et blanc « AB » (propriété du ministère de l'Agriculture), qui garantit qu'ils contiennent au minimum 95 % d'ingrédients d'origine biologique. Ce logo indique également la non-utilisation d'OGM dans l'alimentation des animaux qui fournissent des produits bio (lait, viande, œufs, poisson).

Leur consommation est fortement conseillée, notamment lorsqu'il s'agit d'aliments complets (pain, pâtes, riz) ou de fruits et légumes dont on conserve la peau. En effet,

l'enveloppe ou la peau de ces aliments absorbe les résidus des engrais présents dans l'environnement. Le seul moyen d'éviter cela est de consommer des céréales bio.
Mais prudence, car Bio ne signifie pas forcément « sans danger » : la présence de taches sur les fruits bio peut indiquer la présence d'un pesticide naturel parfois plus toxique que les pesticides de synthèse[1].

Première règle : faites les courses après avoir pris un bon petit déjeuner. Il n'est jamais conseillé de courir un marché le ventre vide, sauf à se laisser dicter ses choix exclusivement par sa faim et sa gourmandise. Attention, il n'est pas question de nier ses envies : satisfaire sa gourmandise participe aussi à une vie équilibrée… mais elle ne doit pas occuper la première place et vous devez faire vos courses avec votre tête et non votre estomac !

Seconde règle : disposez d'une batterie de cuisine intelligemment constituée. Un « cuit vapeur », deux ou trois casseroles ou faitouts assez grands pour faire cuire des lentilles en quantité suffisante pour la semaine, par exemple. Prévoyez quelques grands saladiers pour stocker au réfrigérateur ou mieux, un ensemble de récipients avec système de mise sous vide (avec dateur intégré pour les plus sophistiqués) car, après trois jours au réfrigérateur, la plupart des produits s'oxydent et doivent être jetés. Avec ce système, on pourra également conserver de grands fruits découpés comme des ananas ou des papayes.

1. Curtay J.-P., Razafimbelo R., *Le Guide familial des aliments soigneurs*, Albin Michel, 2005.

3 - Diminuer ou supprimer certains aliments. Ce n'est pas un secret : les graisses cuites, les fritures, les sucres industriels, la saccharose sont mauvais pour tous et rien ne vous empêche de les bannir de votre quotidien. Dans le même registre, limitez le sel, les aliments transformés (charcuteries...), les plats tout préparés (pizzas, soupes industrielles...) et les sucres lents raffinés ou frits (frites, pain blanc, pâtes au beurre...) en alternant le plus souvent possible avec du riz complet ou des légumineuses (pois, lentilles, haricots blancs...).

Choisissez votre sport

Pratiquer régulièrement une activité physique est indispensable, que ce soit pour prévenir ou soigner une cellulite. Il n'est jamais trop tard pour s'y mettre, à condition de ne pas se jeter comme une forcenée dans des efforts violents, du jour au lendemain. Au début, quelques bonnes résolutions seront un premier pas vers un mieux-être assuré : marchez le plus souvent possible, oubliez les escaliers mécaniques, pour monter comme pour descendre, et les ascenseurs si vous n'habitez pas (ou ne travaillez pas) en haut d'une tour.

Quant au choix d'un sport en particulier, il dépend évidemment de votre âge, de vos antécédents sportifs mais aussi de votre disponibilité et de votre situation géographique. Le canyoning est excellent mais difficile ailleurs qu'en régions montagneuses. Reportez-vous au tableau ci-contre pour savoir quel sport vous est conseillé et quel autre ne vous conviendra pas, selon votre type de cellulite.

Quel sport choisir
selon son type de cellulite

Recommandé : +, ++, +++
À éviter : –
En gras : conseillé dans tous les cas

	Rétention d'eau	Adipose	Fibrose	Mixte : adipose + rét. d'eau	Mixte : adipose + fibrose
Aérobic	–	+	++	+	++
Aïkido	+	+	+	+	+
Alpinisme, varappe	++	++	+++	++	++
Aquagym	+++	+++	+	++	++
Athlétisme	+	++	+++	+	+
Aviron	–	++	++	+	+
Badminton	–	+	+	–	+
Basket-ball	–	+	++	+	+
Canoë kayak	–	++	++	+	++
Canyoning	++	+++	+++	+++	+++
Danse classique	–	+++	+++	+	+++
Danse moderne	–	++	++	+	++
Danse rythmique	–	++	++	+	++
Équitation	–	–	+	–	–
Escrime	–	++	++	+	++
Fitness	+	++	+++	++	++
Golf	++	++	+	+	+
Gymnastique	++	++	+++	++	++
Handball	–	+	++	+	+
Jogging (avec des semelles à coussins d'air)	+	+	++	+	++
Judo	+	+	++	+	+
Karaté	–	+	++	+	+
Karting	–	–	–	–	–
Marathon	–	++	+++	–	+++
Marche	+++	+++	+	+++	+++
Musculation	+	++	+++	+	++

	Rétention d'eau	Adipose	Fibrose	Mixte : adipose + rét. d'eau	Mixte : adipose + fibrose
Natation	+++	+++	++	+++	+++
Patin à glace	–	+	++	+	+
Planche à voile	–	+	+	+	+
Plongée	+	++	+++	++	++
Randonnée	+++	+++	++	+++	+++
Randonnée en raquettes	+++	++	+++	+++	++
Rollers	–	+	+	–	+
Skate, skateboard	–	+	+	–	+
Ski acrobatique	–	+	+	–	+
Ski alpin	–	+	++	+	+
Ski de fond	+++	+++	+++	+++	+++
Ski nautique	–	+	+	+	+
Squash	–	+	++	+	+
Stretching	+++	+++	+	++	+++
Surf	–	++	++	+	+
Tennis	–	+	+	–	+
Tennis de table	–	+	+	–	+
Triathlon	++	++	+++	++	++
Vélo	+++	++	+++	+++	+++
Volley-ball	–	+	++	+	+
Water-polo	+++	++	++	+++	++
Yoga	+++	+++	+	++	+++

5

La cellulite avec rétention d'eau

Le phénomène de rétention d'eau touche une femme sur trois. Qu'il soit associé à une insuffisance veineuse ou lymphatique, à un déséquilibre hormonal ou à une intolérance alimentaire, sa fréquence est en augmentation. Les traitements ne sont pas uniquement symptomatiques, mais s'élargissent vers les causes.

ALIMENTATION

D'une manière générale, supprimez totalement les sucres blancs raffinés (biscottes, pain blanc, pain de mie, viennoiseries…). Favorisez les légumineuses (lentilles) et le riz complet. Limitez les produits contenant de la caséine (lait, yaourt, fromage blanc…). Éliminez les plats industriels (pizzas, quiches, soupes,…).

Certains aliments ou nutriments jouent un rôle important dans la rétention d'eau. Ils interviennent en particulier sur :
– **la perméabilité capillaire,** avec la vitamine P (comme perméabilité) qui l'améliore ;

– les cellules endothéliales qui tapissent l'intérieur de la paroi des veines, avec la vitamine E qui ralentit leur vieillissement ;
– les cellules musculaires de la paroi veineuse et des muscles périveineux, avec les protéines qui les renforcent ;
– les fibres d'élastine et de collagène des parois veineuses et lymphatiques, avec la vitamine C et l'extrait de pépins de raisin qui les protègent ;
– la fluidité du sang, avec les flavonoïdes (ce terme vient de flavédo, nom de la couche externe des écorces d'orange), l'ail et l'oignon qui l'améliorent ;
– les membranes cellulaires, avec les oméga 3 qui les protègent.

Il faut savoir aussi que certains aliments peuvent avoir, en revanche, un effet aggravant sur la rétention d'eau ; c'est le cas du sel et des protéines émollientes utilisées comme additifs par les industries alimentaires.

Cinq objectifs nutritionnels

À la lumière de nos connaissances sur les différents mécanismes mis en jeu dans le phénomène de rétention d'eau, il est possible de déterminer cinq objectifs nutritionnels :

1. Nourrir les cellules qui tapissent l'intérieur des veines (endothéliales) met en jeu les mécanismes d'oxydation. Plusieurs études ont mis en évidence le rôle néfaste des radicaux libres sur les cellules endothéliales des veines variqueuses. D'autres études ont mis en évidence l'action bénéfique et protectrice de la vitamine E et du sélénium sur les parois veineuses et artérielles.

Il est logique de penser que l'ensemble des aliments

contenant des substances anti-oxydantes tels la vitamine C, la vitamine E, le bêta-carotène, le sélénium, le zinc et les flavonoïdes, ont une action protectrice sur les cellules endothéliales des veines et des capillaires contre l'agression des radicaux libres.

2. Nourrir les cellules musculaires. L'insuffisance veineuse chronique se caractérise par une distension progressive des parois des veines. Et le rôle des cellules musculaires dans cette distension a été mis en évidence par les études Bed Rest que nous avons déjà évoquées (voir p. 14). C'est le même phénomène que l'on observe lorsque l'on porte un plâtre sur une jambe cassée pendant plusieurs semaines. En régressant, le muscle ne joue plus son rôle de contention naturelle des veines des membres inférieurs. Cela démontre que le muscle agit comme une roue de secours qui soutient nos veines. Toutes les situations s'accompagnant d'une fonte musculaire ou d'une perte de tonus des muscles (une sédentarité excessive, par exemple) sont susceptibles d'aggraver une insuffisance veineuse, et donc le phénomène de rétention d'eau.

D'un point de vue alimentaire, ce sont les protéines à haute valeur biologique (viande, poisson, œufs), associées à la vitamine B6 qui assure leur assimilation, qui représentent les éléments clés.

3. Nourrir les fibroblastes des parois vasculaires qui sécrètent les fibres collagènes et élastines. Le rôle du collagène et de l'élastine est bien connu dans les phénomènes de rétention d'eau. Les actions protectrices de la vitamine C, des oligomères procyanidoliques (OPC), extraits des pépins de raisin et des flavonoïdes, ont été démontrées.

4. Nourrir les capillaires en leur évitant une perméabilité excessive à l'eau par l'action de la vitamine P, connue de longue date. La vitamine P (qu'on trouve dans la myrtille et le cassis) associée aux flavonoïdes (en particulier les citroflavonoïdes comme les citrons, pamplemousses ou oranges) inhibe en partie le mécanisme de sécrétion des radicaux libres et des enzymes protéolytiques, sources d'inflammation chronique et d'augmentation de la perméabilité des capillaires.

5. Assurer la fluidité du sang. L'insuffisance veineuse qui se définit par un ralentissement du courant circulatoire sanguin dans les veines et les capillaires, s'accompagne d'une augmentation de la viscosité du sang. Plusieurs études ont montré une action bénéfique du pamplemousse, de l'ail, de l'oignon et des flavonoïdes sur cette fluidité.

Vitamines et minéraux à rechercher

Poursuivre ces cinq objectifs conduit à rechercher en priorité une douzaine de nutriments ayant une action particulière sur la rétention d'eau :

La vitamine E, considérée aujourd'hui comme protecteur vasculaire, effet qui s'ajoute à son action sur la fertilité et sur la peau, doit être consommée à la dose de 30 à 50 mg/jour. Les meilleures sources sont les céréales germées comme le blé et le soja germé. On la trouve également dans les noix, les noisettes et les amandes fraîches (60 mg/100 g), l'huile de foie de morue (22 mg/100 g), les poissons des mers froides (10 à 15 mg/100 g), les olives (10 mg/100 g), le beurre (2 mg/100 g), les œufs (2 mg/100 g), les avocats (1 mg/100 g), la laitue (0,5 mg/100 g) et l'huile de pépins de raisin.

Les autres vitamines et minéraux anti-oxydants, protecteurs vasculaires, sont à rechercher, en particulier la **vitamine C** qui agit comme co-facteur de la **vitamine E** (vitamine hydrosoluble facile à trouver dans les kiwis, les agrumes, les crudités), le **sélénium** (poissons, crustacés), le **bêta-carotène** (carotte, melon, abricot,...) et le **zinc** (viandes, crustacés).

La **vitamine P,** qui diminue la perméabilité capillaire, peut être trouvée dans l'ensemble des fruits rouges, en particulier le cassis et la myrtille. Plusieurs médicaments ayant une action sur la perméabilité capillaire, utilisés en ophtalmologie ou en phlébologie, sont à base de myrtilles ou de cassis.

L'ensemble des substances flavonoïdes (plus de 800 plantes ou substances actives), en particulier les agrumes et le thé vert, ont un rôle favorable sur le système vasculaire.

Les **citro-flavonoïdes** qu'on trouve dans les écorces d'agrumes (citrons, oranges, pamplemousses, kumquats, à consommer bio) contiennent une substance active sur la rétention d'eau : la diosmine, utilisée dans plusieurs médicaments.

La **vitamine B6** contribue au transport des acides aminés depuis l'intestin vers le sang. Des expériences menées sur des rats ont montré que la suppression de la vitamine B6 dans leur alimentation pouvait provoquer un ralentissement de la lymphe suivi d'un œdème. Le phénomène peut être rétabli grâce à l'administration de vitamine B6.

Enfin, la **vitamine K**, présente en quantité dans les brocolis, est nécessaire à la coagulation du sang.

Le rôle des protéines

Le rôle des protéines est essentiel dans la formation des œdèmes et de la rétention d'eau. Un manque de protéine dans le sang tel qu'on le voit dans les syndromes néphrotiques (maladie des reins d'origine auto-immune qui touche les femmes jeunes et se traduit par une fuite des protéines du sang vers les urines), les insuffisances hépatiques ou les grandes dénutritions empêche la réabsorption de l'eau filtrée depuis les capillaires artériels vers les capillaires veineux. D'où l'importance d'une consommation suffisante quotidienne de protéines à haute valeur biologique comme celles que l'on trouve dans la viande, le poisson ou les œufs.

D'autres protéines, au contraire, peuvent avoir un effet inverse si elles sont incomplètement dégradées au niveau du tube digestif. Ce peut être le cas des protéines chimiques ou de certaines protéines naturelles comme celles du lait ou du blé que certaines personnes (entre 6 et 11 % de la population selon les régions) ne peuvent dégrader totalement en acides aminés. Notez que certains aliments, tels l'ananas et la papaye, contiennent des enzymes protéolytiques ayant un effet positif sur la digestion et le métabolisme de ces protéines.

Aliments conseillés

- **Tous les légumes :** artichauts, asperges, aubergines, blettes, brocolis, céleris, champignons, choux, choux-fleurs, choux de Bruxelles, carottes, concombres, courgettes, cresson, endives, épinards, fenouil, gombos, haricots verts, navets, poireaux, poivrons, potimarron, potiron, radis, salades, tomates...
- Blé germé, soja germé
- **Légumes secs et légumineuses :** : fèves, lentilles, haricots blancs, haricots rouges, petits pois, pois cassés, pois chiches...
- Riz complet, sarrasin, sésame
- **Poissons gras :** haddock, hareng, maquereau, sardine, saumon sauvage, thon...
- **Fruits de mer :** crabe, crevettes, homard, langouste, langoustines, oursins, coquilles Saint-Jacques, palourdes, praires, bigorneaux, bulots, moules, huîtres...
- **Viandes :** dinde, dindonneau, poulet, veau, foies...
- Œufs (à la coque, de préférence)
- **Tous les fruits :** abricots, lychees, mangues, melons, papaye, pêches, poires, raisin... En particulier ananas, kiwis, pommes, rhubarbe
- Agrumes : citrons, oranges, pamplemousses
- Fruits rouges : cassis, framboises, fraises, fraises des bois, groseilles, mûres, myrtilles
- Fruits secs : abricots secs, pruneaux, raisins secs...
- Oléagineux : amandes, noix et noisettes
- Huile de colza, huile de noix, huile de pépins de raisin, huile d'olive
- Miel (uniquement en dehors des repas, pour sucrer une tisane)
- Thé vert

Aliments à diminuer

- Sel
- Porc
- Fromages trop salés
- Yaourts, fromages blancs (toujours entiers ou à 20 % de matières grasses)
- Pain complet, pâtes complètes, semoule de blé

Aliments à supprimer

- Toutes les graisses cuites et les fritures
- Lait
- Charcuteries
- Parties grasses des autres viandes
- Viandes fumées et poissons fumés
- Sucres industriels, sodas sucrés ou « light », saccharose
- Plats industriels : soupe, pizza, quiche, plats cuisinés.
- Biscuits apéritif, chips, cacahuètes grillées...
- Pain blanc, blinis, bricks, céréales sucrées du petit déjeuner...
- Viennoiseries, gâteaux, confiseries, confitures...

REPAS TYPE

pour lutter contre la cellulite avec rétention d'eau

Le petit déjeuner

> 1 boisson

De préférence sans lait, ni sucre, ni édulcorant.
1 thé
- ou 1 café pour les accrocs
- ou 1 bol de chicorée

> 1 sucre lent

1 bol de riz complet
- ou 1 bol de sarrasin cuit ou germé
- ou 1 bol de sésame concassé cuit
- ou 2 ou 3 tranches de pain complet
- ou 2 ou 3 galettes de riz

> 1 fruit cuit (facultatif)

1 compote de fruits, sans sucre ni édulcorant

> 1 corps gras

1/2 avocat
- ou quelques noix fraîches (octobre à mars), amandes fraîches (mars à juin) ou noisettes fraîches (juin à septembre) : il est important de les acheter en coques, conservées à moins de 3 mois pour éviter leur oxydation
- ou un peu de fromage (par gourmandise)
- ou une noisette de beurre frais

Supprimez les sucres lents raffinés (biscottes, pain blanc, pain de mie, viennoiseries...). Si vous ne pouvez vous passer de tartines, mieux vaut un peu de beurre frais qu'une margarine ou une confiture « sans sucre ».

Facultatif : le petit déjeuner peut également être étoffé avec 1 œuf coque

>>>

Vers 11 h

Si la matinée est très longue

> 1 fruit

1 fruit frais de saison, entier ou pressé
- ou 1 poignée de fruits secs

Le déjeuner

> 1 crudité

Carotte, radis, chou-fleur, céleri branche, fenouil, tomate, concombre, endive, champignon, pousses d'épinard, salades...

> 1 corps gras

Huile de colza et/ou huile d'olive dans les crudités

> 1 protéine animale ou 1 légumineuse

À condition de manger chaque semaine : 1 fois de la viande, 1 ou 2 fois de la volaille, 2 fois du poisson et 1 fois des œufs.

Viande rouge ou blanche, volaille, œuf, poisson gras
– ou légumineuses : fèves, flageolets, haricots blancs, haricots rouges, petits pois, pois cassés, pois chiche, pois gourmands, soja vert, lentilles...

Les gros mangeurs peuvent mélanger 1 protéine animale et 1 légumineuse, mais le mieux est de choisir l'un des deux, en alternant d'un jour à l'autre.

> Légumes

À volonté : artichaut, asperge, aubergine, blette, brocoli, céleri branche, céleri-rave, champignon, chou, chou-fleur, chou de Bruxelles, concombre, courgette, cresson, endive, épinard, fenouil, haricot vert, navet, oseille, poireau, poivron, potiron, radis, salade, salsifis...

> 1 fruit (facultatif)

Cuit, entier ou en compote.

>>>

Vers 17 h

Pour lutter contre le petit coup de fatigue de l'après-midi

> 1 fruit frais ou sec

> 1 corps gras végétal
1/2 avocat
- ou 1 poignée d'olives noires
- ou 1 poignée de noix, amandes...
- ou 30 g de chocolat noir (par gourmandise)

> 1 boisson (facultatif)
Eau, thé ou infusion, sans lait, ni sucre, ni édulcorant

Dîner

> 1 protéine animale
Poisson gras, œufs, viande blanche ou volaille
> 1 légume vert
En potage, crudités ou légumes cuits
> 1 boisson
De l'eau ou 1 verre de vin
Le soir est la meilleure heure pour boire un peu de vin (sans excès, bien sûr ! Et surtout pas pour les femmes enceintes). Il peut faciliter l'endormissement.

UNE SEMAINE DE RÉGIME
anti-rétention d'eau

Petit déjeuner

- 1 thé ou 1 café, sans lait, ni sucre, ni édulcorant
- 1 bol de riz complet
- 1 compote de pommes
- 1/2 avocat

Vers 11 h

Si la matinée est très longue
- 1 orange pressée

Déjeuner

- Carottes râpées + persil plat haché + huile de colza et huile d'olive
- Poulet fermier rôti (sans la peau)
- Brocolis cuits à la vapeur

Vers 17 h

- 1 bol de myrtilles
- 1 poignée de noix, amandes ou noisettes fraîches, selon la saison
- 1 thé vert

Dîner

- 1 salade de mâche et betterave
- 1 filet de saumon en papillote
- Fenouil braisé

MARDI

Petit déjeuner

- 1 thé ou 1 café, sans lait, ni sucre, ni édulcorant
- 1 bol de sarrasin concassé cuit
- Quelques olives noires
- Quelques amandes ou noisettes fraîchement récoltées (moins de 3 mois)

Vers 11 h

Si la matinée est très longue

- 1 orange pressée

Déjeuner

- Salade de tomates et champignons de Paris + huile de pépins de raisin et huile d'olive
- Escalope de dinde
- Ratatouille

Vers 17 h

- 1 pomme
- 1/2 avocat
- 1 tisane de myrtille

Dîner

- 1 soupe de légumes
- Maquereaux au vin blanc
- Asperges vertes + filet d'huile d'olive

MERCREDI

Petit déjeuner

- 1 thé ou 1 café, sans lait, ni sucre, ni édulcorant
- 1 bol de sésame concassé cuit
- 1 petit morceau de fromage de brebis
- 1 compote de poires

Vers 11 h

Si la matinée est très longue

- 1 orange pressée

Déjeuner

- Salade de tomates, concombres, olives + huile de colza et huile d'olive
- Foie de veau aux oignons
- Haricots verts
- Ananas

Vers 17 h

- 1 bol de cassis et myrtilles
- 1 poignée de noix, amandes ou noisettes fraîchement récoltées (moins de 3 mois)
- 1 thé vert

Dîner

- 1 ou 2 artichauts + huile de colza et huile d'olive
- 1 filet de merlan
- Concassée de tomates, ail et oignon

JEUDI

Petit déjeuner

- 1 thé ou 1 café, sans lait, ni sucre, ni édulcorant
- 2 ou 3 galettes de riz
- 1/2 avocat

Vers 11 h

Si la matinée est très longue

- 1 pamplemousse pressé

Déjeuner

- Salade verte + huile de pépins de raisin et huile d'olive
- 1 grand plat de lentilles, carottes et oignons
- 1 poire cuite

Vers 17 h

- 1 orange entière ou pressée
- 30 g de chocolat noir (par gourmandise)
- 1 tisane de cassis

Dîner

- 1 soupe de légumes
- Crevettes sautées avec pousses de soja et petits légumes
- 1 tisane de queue de cerise

Petit déjeuner

- 1 thé ou 1 café, sans lait, ni sucre, ni édulcorant
- 1 bol de riz complet
- 1 noisette de beurre frais
- 1 œuf coque

Vers 11 h

Si la matinée est très longue

- 1 orange pressée

Déjeuner

- 1 salade d'endives aux noix + huile de noix
- 1 tranche de rôti de bœuf
- Choux de Bruxelles
- 2 ou 3 clémentines

Vers 17 h

- 5 pruneaux
- 1/2 avocat
- 1 thé vert

Dîner

- Velouté de tomate
- 1 tranche de thon frais
- Fondue de poireaux

Petit déjeuner

• 1 thé ou 1 café, sans lait, ni sucre, ni édulcorant
• 1 bol de sarrasin cuit
• 1/2 avocat

Vers 11 h

Si la matinée est très longue
• 1 orange pressée

Déjeuner

• Pousses d'épinard et champignons de Paris + huile d'olive
• 1 salade de lentilles vertes du Puy, persil plat
• 2 ou 3 clémentines

Vers 17 h

• 1 poire
• 1 poignée de noix ou noisettes récoltées depuis moins de 3 mois
• 1 tisane d'orthosiphon

Dîner

• 1 soupe de légumes
• 1 escalope de dinde
• Courgettes sautées

DIMANCHE

Petit déjeuner

- 1 thé ou 1 café, sans lait, ni sucre, ni édulcorant
- 2 ou 3 galettes de riz
- 1/2 avocat
- 1 compote d'abricots

Vers 11 h

Si la matinée est très longue

- 1 orange pressée

Déjeuner

- Radis rose
- Maquereau en papillote
- Fenouil et endives braisées
- Salade de fraises et framboises

Vers 17 h

- 1 pomme
- 30 g de chocolat noir (par gourmandise)
- 1 thé vert

Dîner

- Poireaux vinaigrette (huile d'olive et de pépins de raisins + citron)
- 1 blanc de poulet fermier (sans peau)
- Aubergines et poivrons grillés

PRINCIPES ACTIFS À RECHERCHER

Gélules, huiles essentielles, compléments alimentaires… quelles que soient les techniques que vous utiliserez, vous devrez retrouver les principes actifs suivants sur les étiquettes des produits, à condition bien sûr qu'elles soient convenablement rédigées.

Les plantes drainantes pour l'excédent d'eau sont nombreuses. Au choix, la **vigne rouge**, l'**hamamélis**, le **marron d'Inde**, le **petit houx** (appelé aussi **fragon** ou **ruscus**), le **cyprès**, le **mélilot** ou l'**aigremoine**. Elles stimulent le retour veineux et le retour lymphatique.

Les plantes diminuant la perméabilité capillaire : la **myrtille**, le **cassis** ou la **paliure**.

Les plantes stimulant l'élimination rénale : l'**artichaut**, la **queue de cerise**, la **reine-des-prés**, l'**orthosiphon**.

Vous retrouverez bon nombre de ces plantes dans les crèmes amincissantes. La plupart d'entre elles, que leur étiquette précise « anti-rétention d'eau » ou « anti-jambes lourdes », contiennent l'une ou plusieurs des plantes déjà citées mais aussi du **Ginkgo biloba**, du **gaïac de Cayenne** (ou **coumarine**), du **frêne**, de la **pilosèle**, du **lierre**, de la ***Visnaga vera***, des **pépins de raisin** (OPC, c'est-à-dire oligomères procyanidoliques), de la ***Centella asiatica***, du **fucus** ou des **pépins de pomme**. Ce sont des plantes dont l'action est reconnue depuis souvent très longtemps. Par exemple, l'utilisation d'écorces de marronnier d'Inde (ce grand arbre est en fait originaire des Balkans) date de l'Antiquité. Les racines du petit houx (ruscus), un arbrisseau commun dans le sud de la France, étaient utilisées jadis contre les œdèmes et les gonflements. Le **raisin**, le **pamplemousse**, la **papaye** ont de puissantes vertus drainantes. Ce sont de véritables fruits-médicaments.

Comment appliquer les crèmes anti-rétention d'eau ?
Il s'agit d'effectuer un massage sur les zones de cellulite. Le mouvement se rapproche des manœuvres du drainage lymphatique manuel. Les crèmes s'appliquent sur les jambes, du bas vers le haut, en alternant des mouvements de drainage, c'est-à-dire des manœuvres « glissées » comme si l'on cherchait à chasser l'eau depuis les pieds vers le cœur, et des manœuvres « d'appel », c'est-à-dire d'appuyé-relâché sur la peau. Cet auto-drainage manuel s'effectue dans les meilleures conditions en position allongée sur le dos, les jambes surélevées et pliées, pieds appuyés contre le mur.

L'effet du massage est encore amplifié s'il est fait après une séance de gymnastique vasculaire active (voir Fast Gym, p 119). En effet, la stimulation des muscles posturaux permet de renforcer les veines profondes et de drainer le sang veineux, puis le massage avec la méthode d'auto-drainage manuel permet de mobiliser l'eau superficielle vers les circuits profonds qui viennent d'être libérés. Le meilleur moment pour pratiquer cet auto-drainage avec une crème est le soir, après la douche (en ayant pris soin de terminer par une douche froide sur les jambes).

Concernant l'action de l'eau froide, il est également excellent de s'adonner aux bains de siège, appelés également bains dérivatifs, à l'eau froide, au moins trois fois par semaine, il est recommandé de les prendre toujours le soir pour stimuler l'organisme.

Des cures de crèmes anti-rétention d'eau peuvent être effectuées tous les jours pendant un mois complet, deux ou trois fois dans l'année, notamment pendant les mois chauds d'été. Elles ne présentent aucune contre-indication.

ENTRETIEN ET SOINS DU CORPS

■ *Activités physiques*

Quels mouvements de gymnastique ?
Fast Gym, 10 minutes par jour pour renforcer les muscles posturaux. Voir le chapitre consacré à cette gymnastique vasculaire (voir p. 119).

Quelles activités sportives pratiquer ?
Aquagym, natation, cyclisme, bicyclette aquatique pour renforcer les muscles posturaux.

Quels sports éviter ?
Tennis, squash, aérobic, sports de combat, équitation. Tous les sports qui font subir au corps des à-coups de pression sur les veines ainsi que ceux qui risquent d'entraîner des compressions vestimentaires.

Petits « trucs » pour la vie quotidienne
Plusieurs fois par jour, surélevez les jambes, respirez profondément et bougez les chevilles.

■ *Soins en instituts de beauté*

• ***Drainage lymphatique manuel :*** pour stimuler le retour lymphatique. C'est un traitement sans danger, agréable et relativement efficace s'il est bien pratiqué. Les mains, en imprimant dans la peau des mouvements d'appel (appui et relâchement rapides) et de résorption (glissé sur la peau) évacuent le liquide lymphatique vers les ganglions lymphatiques et de là vers le cœur, entraînant ainsi une partie des déchets de l'organisme. Une séance dure au moins 30 minutes. Après une douzaine de séances rapprochées, on peut constater que la rétention d'eau au niveau des cuisses, des bras et des chevilles a diminué. L'aspect peau d'orange s'est atténué.

• ***Drainage lymphatique mécanique*** (ou pressothérapie) : pour stimuler le retour lymphatique.

• ***Électrostimulation :*** pour renforcer les muscles posturaux profonds. Il s'agit de la stimulation des contractions musculaires obtenues par l'application d'électrodes sur la peau, dans lesquelles on fait passer un courant électrique. L'objectif est de renforcer le tonus et le volume musculaire, et d'améliorer le retour veineux et le phénomène de rétention d'eau.

• ***Endermologie :*** CelluM6. Le palpé-roulé consiste à saisir un pli de peau et à lui imprimer un mouvement de vague particulier. Le CelluM6 peut remplacer la main du masseur. Il reproduit le bon mouvement sans pincer ni tirailler. Il va relancer les échanges cellulaires, accélérer l'élimination des déchets et remettre la graisse en circulation. Une cellulite moyenne nécessite une quinzaine de séances tandis qu'une cellulite compacte et profonde en requiert une trentaine.

• *Enveloppement réfrigérant :* pour stimuler le retour veineux.

• *Huiles essentielles décongestionnantes :* pour stimuler le retour veineux.

• *Hydrojet Wellsystem :* pour stimuler le retour veineux.

• *Massage Tao désinfiltrant :* il permet de lever les tensions des fascias et des muscles par pressions digitales sur les points d'acupuncture selon la technique du shiatsu. Sont stimulées en particulier les voies lymphatiques qui assurent la résorption de la rétention d'eau. À la fin de la séance, le besoin impérieux d'uriner atteste l'efficacité de la technique. Pour être encore plus efficace, ce massage peut être associé à un régime qui consiste, pendant une semaine, à éliminer les protéines de blé et de lait, ainsi que tous les produits transformés de l'agroalimentaire. Il repose sur la consommation de sarrasin bio et de riz complet, cuits à la vapeur (pour éviter de dépasser une température de 180 ° C), associés à de l'huile de sésame. Une large consommation de légumes est conseillée en évitant toutefois ceux qui sont gorgés d'eau (tels les tomates, les courgettes et les concombres).

• *Massages circulatoires :* ils stimulent le retour veineux.

• *Pédiluve :* il stimule le retour veineux.

• *Soins jambes lourdes :* la plupart des soins anti-jambes lourdes sont à base d'agents rafraîchissants (menthol, camphre…) et d'extraits de plantes décongestionnantes (ruscus…).

Contre-indications :

L'électrostimulation (mise en place d'électrodes collées sur la peau) est à éviter pour les femmes enceintes et les porteurs de pacemaker (risque d'interférence avec l'appareil d'électrostimulation).

■ *Soins en kinésithérapie*

• ***Électrothérapie*** (Datavein, Veinoplus) : pour provoquer des contractions musculaires.

• ***Massages :*** drainage lymphatique manuel, Cellu M6, drainage lymphatique manuel (voir plus haut).

• ***Pressothérapie :*** c'est également une technique de drainage, mécanique et pneumatique. Elle opère un massage par compression et décompression à l'aide de divers accessoires, bottes, manchons, etc., séparés en alvéoles indépendantes qui alternativement se remplissent puis se vident d'air et exercent ainsi des pressions multiples et douces sur la partie du corps traitée. La circulation est activée et les toxines mieux éliminées.

• ***Méthode Pilates :*** cette méthode a fait ses preuves dans le renforcement des muscles les plus faibles, en particulier les posturaux.

• ***Méthode Mézières :*** Pour stimuler le retour veineux, en agissant sur les muscles posturaux agonistes et antagonistes. Cette méthode consiste à réaliser des étirements musculaires de façon douce et prolongée en insistant aussi sur une respiration lente et profonde.

Thalassothérapie ou cure thermale

• ***Aquadrainage lymphatique et Aquagym vasculaire :*** il s'agit d'une gymnastique spécifique exercée dans l'eau pour renforcer les muscles posturaux dont l'action sur le retour veineux est quatre fois supérieure à celle des muscles superficiels, associé aux principes de la méthode Pilates qui renforce particulièrement les muscles agonistes et antagonistes posturaux.

• ***Bains hydromassants :*** jets multiples suivant les trajets musculaires et le sens de retour veineux.

• ***Cellu M6 :*** pour stimuler le retour veineux.

• ***Douche à jet circulatoire :*** jets croisés pour stimuler le système veineux.

• ***Douche sous-marine :*** elle stimule le retour veineux et lymphatique.

• ***Drainage lymphatique manuel :*** voir plus haut.

• ***Drainage lymphatique mécanique*** (ou pressothérapie, voir plus haut).

• ***Électrostimulation :*** voir plus haut.

• ***Enveloppement réfrigérant :*** application d'algues froides contre les jambes lourdes.

• ***Hydrojet Wellsystem :*** pour stimuler le retour veineux.

• ***Jets sous-marins :*** ils permettent d'assurer un drainage encore plus puissant qu'un drainage lymphatique manuel grâce à la puissance d'action de l'eau sur le corps lui-même constitué de 60 % d'eau. Ces jets sous-marins orientés tour à tour sur les chevilles, les mollets, les cuisses et les hanches exercent un effet drainant, et associés à l'aquagymnastique vasculaire et à la méthode Pilates, ils permettent d'effectuer un véritable drainage lymphatique actif. La cellulite est alors prise en étau entre l'action superficielle des jets sous-marins et l'action profonde musculaire, d'où le nom d'aquadrainage lymphatique, véritable drainage lymphatique actif où ce n'est plus la main du kinésithérapeute qui travaille sur un corps passif, mais un drainage physiologique effectué par l'eau sur un corps en activité musculaire.

• ***Massage Tao désinfiltrant :*** voir p. 69.

• ***Pédiluve :*** pour une stimulation circulatoire des membres inférieurs par l'alternance de bains chauds et froids.

■ *Médecine esthétique*

• ***Mésothérapie :*** elle consiste à injecter en sous-cutané des produits ayant une action sur la cellulite. Elle est recommandée en cas de troubles circulatoires et de cellulite diffuse. On obtient ainsi une certaine amélioration de la peau d'orange et une diminution des douleurs et des gonflement des jambes.

• ***Prescription de médicaments*** drainants ou phlébotoniques.

■ *Chirurgie esthétique*

Pas d'indication chirurgicale pour la rétention d'eau. La chirurgie des lymphatiques n'a pas donné de résultats convaincants.

6

La cellulite adipeuse

Lorsqu'il y a un excès de stockage de graisse, quelle que soit la façon dont on retourne le problème, il faut d'une façon ou d'une autre minimiser la quantité d'énergie ingérée et augmenter les dépenses d'énergie. C'est le seul moyen à long terme, efficace et infaillible, de limiter le stockage des graisses. Idéalement, il faudrait y parvenir sans avoir à faire d'effort cérébral, c'est-à-dire sans être dans un calcul permanent des calories absorbées.

ALIMENTATION

D'une manière générale, supprimez toutes les graisses cuites et le sucre. Le soir, supprimez les sucres lents et les sucres rapides industriels.

La solution est de réapprendre à manger des aliments de bonne qualité, facilement métabolisables, c'est-à-dire frais, riches en vitamines et minéraux, et en protéines de haute valeur biologique (viande, poisson, œufs) et de faire coïncider ses désirs avec ses besoins.

L'un des pièges de la vie moderne vient des multiplications des tentations qui finissent par nous faire désirer ce dont nous n'avons pas besoin. Aucune cellule du corps humain n'a besoin de sucre industriel, de graisse cuite, d'excès de sel, d'alcool, de tabac, d'anxiolytiques... Nous nous retrouvons régulièrement dans de faux désirs ou dans des compensations. Dès le plus jeune âge, un bébé apprend à compenser un petit chagrin par de la nourriture. Quel parent n'a pas, comme premier réflexe, celui de donner un biberon à un enfant qui pleure en dehors de l'heure normale de son repas ?

L'objectif est donc de réussir à adopter une alimentation saine et moins calorique, sans effort intellectuel permanent ; et de faire des exercices, et tout cela dans un contexte de plaisir. Chacun cherche la méthode pour parvenir à résoudre cette quadrature du cercle. Pour moi, les méthodes miracles qui autorisent à manger de tout, et donc à entretenir une appétence permanente pour le gras, le sucré et le salé, ont à long terme un taux d'échec probable élevé. Il faut réussir à dominer ses désirs pour que la suppression de certains aliments gras, sucrés ou salés ne se traduise pas par une frustration et soit compensée par le plaisir que l'on prend à croquer un fruit délicieux (ce qui suppose que l'on sait le choisir), à déguster un poisson très frais, des fruits de mer, des lentilles bien préparées, une viande d'excellente qualité...

Et si l'on ne peut se passer de quelques plaisirs riches en graisse ou en sucre, pourquoi ne pas mélanger quelques noix fraîches avec des dattes ? Le sucre industriel ou les graisses cuites ne sont pas définitivement interdites, mais peuvent devenir l'un des petits plaisirs hebdomadaires à partager à plusieurs. On pourrait raisonner pour ce type de plat comme pour l'alcool : est considérée comme alcoolique la personne qui prend tous les jours quelques verres d'alcool sans jamais être ivre, alors qu'un abus ponctuel au cours d'une soirée, dans un cadre agréable, une ambiance, un environnement convivial, peut faire partie des plaisirs à faibles conséquences (à condition de ne pas prendre le volant) ; de la même façon, un petit excès alimentaire ponctuel est probablement moins préjudiciable à la santé qu'une consommation régulière de sucres industriels, de graisses cuites, d'aliments transformés, d'additifs alimentaires, d'alcool, de tabac ou de médicaments…

Il faudra limiter la consommation d'aliments caloriques le soir avant de se coucher ; réserver la consommation d'aliments gras et sucrés au petit déjeuner et au déjeuner (fromages, noix, avocats, fruits secs…). Le soir, vous prendrez une petite portion de protéines (poisson ou œufs) et des légumes.

Diminuez au maximum la consommation de sucres industriels, y compris les faux sucres et les produits « light ».

Privilégiez la consommation d'aliments riches en vitamines et minéraux : fruits, fruits de mer, crudités, noix, amandes et noisettes.

Aliments conseillés

• **Tous les légumes :** artichauts, asperges, aubergines, blettes, brocolis, céleris, champignons, choux, choux-fleurs, choux de Bruxelles, carottes, concombres, courgettes, cresson, endives, épinards, fenouil, gombos, haricots verts, navets, poireaux, poivrons, potimarron, potiron, radis, salades, tomates...
• Blé germé, soja germé
• **Légumes secs et légumineuses :** fèves, lentilles, haricots blancs, haricots rouges, petits pois, pois cassés, pois chiches...
• Riz complet, pâtes complètes, sarrasin, sésame, semoule de blé
• Pain de seigle
• **Poissons gras :** haddock, hareng, maquereau, sardine, saumon sauvage, thon...
• **Fruits de mer :** crabe, crevettes, homard, langouste, langoustines, oursins, coquilles Saint-Jacques, palourdes, praires, bigorneaux, bulots, moules, huîtres...
• **Viandes :** dinde, dindonneau, poulet, veau, foies...
• Œufs (à la coque, de préférence)
• Yaourts nature entiers, fromage blanc entier ou à 20 % de matières grasses
• **Tous les fruits :** abricots, lychees, mangues, melons, papaye, pêches, poires, raisin... En particulier ananas, kiwis, pommes, rhubarbe
• Agrumes : citrons, oranges, pamplemousses
• Fruits rouges : cassis, framboises, fraises, fraises des bois, groseilles, mûres, myrtilles
• Fruits secs : abricots secs, pruneaux, raisins secs...
• Oléagineux : amandes, noix et noisettes
• Huile de colza, huile de noix, huile de pépins de raisin, huile d'olive
• Miel (uniquement en dehors des repas, pour sucrer une tisane)
• Thé vert

>>>

Aliments à diminuer

- Toutes les graisses animales, notamment le beurre

Aliments à supprimer

- Toutes les graisses cuites et les fritures
- Fromages
- Lait
- Charcuteries
- Agneau, bœuf, porc
- Parties grasses des autres viandes
- Viandes fumées et poissons fumés
- Sucres industriels, sodas sucrés ou « light », saccharose
- Plats industriels : soupe, pizza, quiche, plats cuisinés
- Biscuits apéritif, chips, cacahuètes grillées...
- Pain blanc, blinis, bricks, céréales sucrées du petit déjeuner...
- Viennoiseries, gâteaux, confiseries, confitures...

REPAS TYPE

pour lutter contre la cellulite adipeuse

Le petit déjeuner

> 1 boisson
De préférence sans lait, ni sucre, ni édulcorant
1 thé
ou 1 café pour les accrocs
ou 1 bol de chicorée
ou 1 tisane
> 1 sucre lent
1 bol de riz complet
ou 1 bol de sarrasin cuit ou germé
ou 1 bol de sésame concassé cuit
ou 2 ou 3 galettes de riz
> 1 fruit cuit (facultatif)
1 compote de fruits, sans sucre ni édulcorant
> 1 corps gras
1/2 avocat
ou quelques noix fraîches (octobre à mars), amandes fraîches (mars à juin) ou noisettes fraîches (juin à septembre) :
il est important de les acheter en coques, conservées à moins de 3 mois pour éviter leur oxydation.
Facultatif : le petit déjeuner peut également être étoffé avec 1 œuf coque.

Vers 11 h Si la matinée est très longue

> 1 fruit
1 fruit frais de saison, entier ou pressé
ou 1 poignée de fruits secs

Le déjeuner

> 1 crudité
Carotte, radis, chou-fleur, céleri branche, fenouil, tomate,

concombre, endive, champignon, pousses d'épinard, salades...
> 1 corps gras
Huile de colza et/ou huile d'olive dans les crudités
> 1 protéine animale
Viande maigre, volaille, œuf, poisson gras
> 1 légumineuse
Fèves, flageolets, haricots blancs, haricots rouges, petits pois, pois cassé, pois chiches, pois gourmands, soja vert, lentilles...
> Légumes
À volonté : artichaut, asperge, aubergine, blette, brocoli, céleri branche, céleri-rave, champignon, chou, chou-fleur, chou de Bruxelles, concombre, courgette, cresson, endive, épinard, fenouil, haricot vert, navet, oseille, poireau, poivron, potiron, radis, salade, salsifis...

Vers 17 h

Pour lutter contre le petit coup de fatigue de l'après-midi

> 1 fruit frais ou sec
> 1 corps gras végétal
1/2 avocat
ou 1 poignée d'olives noires
ou 1 poignée de noix, amandes...
ou 30 g de chocolat noir (par gourmandise)

Dîner

> 1 petite portion de protéine animale
Poisson gras, œuf
> Légumes
À volonté : artichaut, asperge, aubergine, blette, brocoli, céleri branche, céleri-rave, champignon, chou, chou-fleur, chou de Bruxelles, concombre, courgette, cresson, endive, épinard, fenouil, haricot vert, navet, oseille, poireau, poivron, potiron, radis, salade, salsifis... En potage, crudités ou cuits sans graisse.

>>>

> 1 boisson

De l'eau ou 1 verre de vin. Le soir est la meilleure heure pour boire un peu de vin (sans excès, bien sûr ! Et surtout pas pour les femmes enceintes). Il peut faciliter l'endormissement. Accordez-vous ce plaisir 1 fois par semaine.

UNE SEMAINE DE RÉGIME
anti-adipose

Petit déjeuner

- 1 thé ou 1 café, sans lait, ni sucre, ni édulcorant
- 2 ou 3 galettes de riz
- 1 yaourt nature à 20 % de matières grasses
- Quelques noix fraîchement récoltées (moins de 3 mois)

Vers 11 h

Si la matinée est très longue
- 1 orange pressée

Déjeuner

- 1 assiette de crudités : chou-fleur, carottes…
+ huile de colza et huile d'olive
- Foie de veau aux oignons
- Lentilles

Vers 17 h

- 1 bol de myrtilles
- 30 g de chocolat noir (par gourmandise)
- 1 thé vert

Dîner

- 1 potage de légumes
- 1 petit filet de saumon
- Fenouil braisé

MARDI

Petit déjeuner

- 1 thé ou 1 café, sans lait, ni sucre, ni édulcorant
- 2 ou 3 galettes de riz
- 1 œuf coque
- Noix, amandes ou noisettes fraîchement récoltées (moins de 3 mois)

Vers 11 h

Si la matinée est très longue

- 1 pamplemousse pressé

Déjeuner

- Salade de tomates et concombres + huile de pépins de raisin et huile d'olive
- Escalope de dinde
- Haricots verts, fèves et pois gourmands

Vers 17 h

- 1 pomme
- 1/2 avocat
- 1 tisane de géranium

Dîner

- 1 potage de tomates
- 1 ou 2 œufs coque
- Asperges vertes

MERCREDI

Petit déjeuner

• 1 thé ou 1 café, sans lait, ni sucre, ni édulcorant
• 1 bol de riz complet
• 1/2 avocat
• 1 yaourt nature à 20 % de matières grasses

Vers 11 h

Si la matinée est très longue
• 2 ou 3 clémentines pressées

Déjeuner

• Salade de tomates et champignons de Paris
+ huile de colza et huile d'olive
• 1 blanc de poulet fermier
• Flageolets et oignons

Vers 17 h

• 1 poignée d'abricots secs
• 1 poignée d'amandes, noix ou noisettes fraîchement récoltées (moins de 3 mois)
• 1 thé vert

Dîner

• 1 potage de légumes
• 1 petit filet de cabillaud
• Fonds d'artichaut

Petit déjeuner

- 1 thé ou 1 café, sans lait, ni sucre, ni édulcorant
- 1 bol de riz complet
- 1/2 avocat

Vers 11 h

Si la matinée est très longue

- 1 poignée de pruneaux

Déjeuner

- Salade verte + huile de pépins de raisin et huile d'olive
- 1 escalope de veau
- Ratatouille
- Couscous

Vers 17 h

- 3 clémentines
- 1 poignée d'amandes, noix ou noisettes fraîchement récoltées (moins de 3 mois)
- 1 tisane de queue de cerise

Dîner

- 1 assiette de crudités : chou-fleur, carottes... + huile de colza et huile d'olive
- 1 petite tranche de thon frais
- Concassée de tomates et haricots verts

VENDREDI

Petit déjeuner

• 1 thé ou 1 café, sans lait, ni sucre, ni édulcorant
• 2 ou 3 galettes de riz
• 1 yaourt nature à 20 % de matières grasses
• 1/2 avocat

Vers 11 h

Si la matinée est très longue
• 1 kiwi

Déjeuner

• 1 salade de tomates et concombre
+ huile de colza et huile d'olive
• 1 cuisse de poulet fermier rôti (sans la peau)
• Purée de pois cassés
• 2 ou 3 clémentines

Vers 17 h

• 5 pruneaux
• 30 g de chocolat noir (par gourmandise)
• 1 thé vert

Dîner

• Salades mélangées : roquette, poussés d'épinard...
• Quelques gambas ou crevettes roses
• Courgettes sautées

Petit déjeuner

• 1 thé ou 1 café, sans lait, ni sucre, ni édulcorant
• 1 œuf coque
• 1 bol de sarrasin cuit

Vers 11 h

Si la matinée est très longue
• 1 pomme

Déjeuner

• 1 belle tranche de melon
• 1 tranche de rôti de veau
• Petits pois et carottes

Vers 17 h

• 1 poire
• 30 g de chocolat (par gourmandise)
• 1 tisane de géranium

Dîner

• 1 salade de tomates et concombres
• Noix de Saint-Jacques poêlées
• Fondue de poireaux

DIMANCHE

Petit déjeuner

- 1 thé ou 1 café, sans lait, ni sucre, ni édulcorant
- 1 bol de riz complet
- 1/2 avocat
- 1 compote de pommes

Vers 11 h

Si la matinée est très longue

- 1 poignée de pruneaux

Déjeuner

- Radis rose
- Maquereau en papillote
- Lentilles et carottes

Vers 17 h

- 1 poire
- 1 poignée d'amandes, noix ou noisettes fraîchement récoltées (moins de 3 mois)
- 1 tisane de queue de cerise

Dîner

- 1 soupe potiron, sans crème
- 1 petit blanc de poulet fermier (sans peau)
- Germes de soja et oignons

PRINCIPES ACTIFS À RECHERCHER

La molécule la plus connue et la plus utilisée est la **caféine** dont l'efficacité a été démontrée depuis plus de quinze ans. En effet, elle a comme propriété de stimuler les récepteurs alpha-adrénergiques des membranes des cellules graisseuses. En termes clairs, elle favorise la fonte des graisses, et cette action a été démontrée par des études très sérieuses, publiées en milieu médical. D'ailleurs, l'une des crèmes les plus utilisées dans ce domaine a reçu une AMM (autorisation de mise sur le marché), c'est-à-dire un statut de médicament ; ce qui n'aurait pas été possible si la molécule appliquée sur la peau ne pénétrait pas en profondeur.

Mais les progrès dans ce domaine ont permis de découvrir d'autres substances actives ; par exemple, le **géranium**. Plante vivace tellement commune dans nos régions, elle est pourtant extrêmement riche en huiles essentielles. Elle est utilisée de longue date dans l'industrie du parfum du fait de son odeur très agréable, mais ce n'est que récemment qu'ont été découverts dans les « stomates », petits canaux présents dans les feuilles de géranium, une substance équivalente au « peptide natriurétique » qui agit sur une molécule clé de la fonte des graisses : l'enzyme appelée GMP.

D'autres substances favorisent la fonte des graisses : la **forskoline**, extraite du koelus, qui agit comme la caféine, certaines algues marines, l'**absolu d'*Allium sativum***, la ***Garcinia cambodgia*** et l'**hortonia**. Ces deux dernières plantes ont pour effet de limiter le nombre de cellules graisseuses en bloquant la transformation des pré-adipocytes en adipocytes. La *Garcinia cambodgia* est un arbuste des Indes et du Sud-Est asiatique appelé guttier. L'hortonia est un arbuste du Sri Lanka dont les feuilles sont riches en boldine, alcaloïde aux propriétés anti-lipogéniques.

Comment utiliser les crèmes amincissantes contenant ces principes actifs ? Elles doivent être appliquées sur les zones de bourrelets et de capitons graisseux, en effectuant un massage de type palpé-roulé ; il s'agit d'exercer une pression avec les quatre doigts de la main sur les zones à masser (palpé) puis de saisir la peau avec son bourrelet graisseux entre ces quatre doigts et le pouce et de la faire rouler avec les deux mains, toujours depuis le bas vers de haut (roulé).

Idéalement, ce massage doit être effectué avant ou après un exercice musculaire qui permet de brûler les graisses mobilisées : une séance de gymnastique en salle, ou au minimum une petite séance de Fast Gym (voir p. 119) à la maison, ou une marche rapide, ou une dizaine de minutes de vélo d'appartement.

L'action sur l'adipose est plus longue que l'action drainante. Si l'on s'en sent le courage, ce type de massages avec des crèmes amincissantes peut être fait sur des périodes de trois mois, plutôt en hiver (en cas de cellulite mixte adipeuse avec rétention d'eau, on peut choisir une crème anti-capitons en hiver, et poursuivre en été par une crème drainante).

Aucune de ces substances n'a de contre-indication, en dehors d'une éventuelle intolérance locale à la crème.

Les gélules utiles contre la cellulite adipeuse
L'une des principales pistes actuelles est une substance que l'on appelle **CLA** (*Conjugated Linoleic Acid*), c'est-à-dire acide linoléique conjugué. Plusieurs études médicales de qualité ont été publiées ces dernières années tendant à montrer que ces CLA favoriseraient chez l'animal le métabolisme des graisses et amélioreraient la tolérance au sucre. Plusieurs études menées chez l'animal en 1999 et 2003 ont montré une diminution de la quantité de masse grasse du corps humain proportionnelle à la quantité de CLA consommé. C'est ainsi que l'on a pu supposer que la supplémentation par des gélules riches en CLA pouvait favoriser la fonte graisseuse. Mais il faut attendre l'avis de l'AFSSA (Agence française de sécurité sanitaire des aliments) pour en savoir plus.

ENTRETIEN ET SOINS DU CORPS

■ *Activités physiques*

Il faudra avant tout favoriser les activités d'endurance telle la marche à pied prolongée (au moins une heure par jour), la natation (au moins 20 minutes), la gymnastique aquatique, la bicyclette d'appartement ou de plein air… En cas de cellulite adipeuse, le dépôt de graisse sur les hanches et sur les cuisses donne un aspect en corps de « violon » ou de « guitare » au bassin.

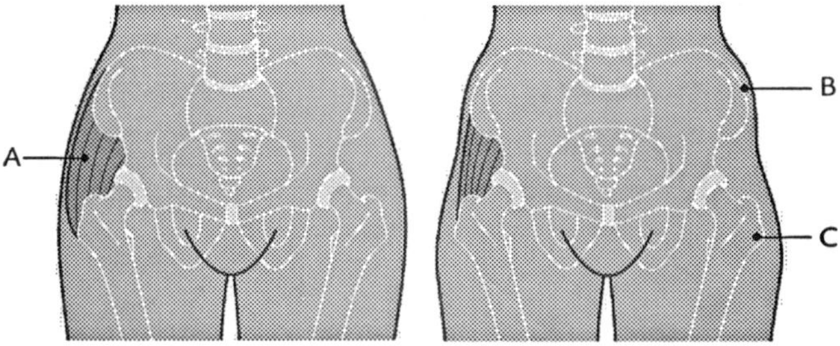

L'aspect en « violon » des hanches est liée à une insuffisance du muscle grand fessier. Normalement c'est le muscle grand fessier qui donne le galbe de la hanche (A). En cas d'excès les dépôts de graisse seront repoussés en surface par l'os de la hanche (B) et l'os du fémur de la cuisse (C). Si en plus le muscle grand fessier n'est pas suffisamment développé, on observera cet aspect en « violon ».

Cet aspect en « violon » est lié au fait que la graisse est repoussée en superficie par le plan osseux de l'os iliaque au niveau de la hanche et par la tête du fémur au niveau de la cuisse. Entre ces deux plans, le manque de développement du muscle grand fessier entraîne un affaissement avec forme en « violon ».

Il est indispensable de privilégier la musculation de ce muscle grand fessier pour améliorer la silhouette.

Quels mouvements de gymnastique ?
Travailler en endurance (pour brûler les graisses) et en volume (fessiers) (voir Fast Gym p. 129-130).
Quels activité sportive pratiquer ?
Sports en montagne, alpinisme, randonnée, cyclisme, pour renforcer les muscles posturaux et consommer des graisses.
Petits « trucs » pour la vie quotidienne :
Marcher au moins une heure par jour, et oublier les ascenseurs !

■ *Soins en institut de beauté*

• ***Cellu M6 :*** pour accélérer l'élimination des déchets et remettre la graisse en circulation.

• ***Électrostimulation :*** il s'agit de la stimulation des contractions musculaires obtenues par l'application d'électrodes sur la peau, dans lesquelles on fait passer un courant électrique. De nombreux appareils existent, dont les fonctions divergent en fonction de la nature des courants utilisés : certains appareils visent à renforcer le tonus et le volume musculaire, d'autres agissent spécifiquement sur les muscles qui entourent les veines.

• ***Massage palpé-roulé :*** manœuvre de massage qui peut être effectuée manuellement ou à l'aide d'un appareil. La peau et la graisse sous-cutanée sont soulevées et roulées entre le pouce et l'index, ou les deux rouleaux d'un appareil pour mobiliser les graisses.

• ***Modelage :*** une technique de massages appuyés aux huiles essentielles qui relancent la circulation veineuse et mobilisent les graisses.

• ***Ondes électromagnétiques :*** Les appareils qui génèrent un champ électromagnétique reposent sur une hypothèse et malheureusement peu d'études cliniques. Ils favoriseraient la fonte des réserves énergétiques graisseuses. Cette pratique a montré une action sur la dilatation des vaisseaux sanguins, l'amélioration de la micro-circulation et l'augmentation de la saturation en oxygène du sang. Les ondes électromagnétiques sont également largement utilisées en kinésithérapie pour leurs effets contre la douleur. En revanche, il n'existe pas, à notre connaissance, d'études publiées sur leur action au niveau des cellules graisseuses.

• ***Ultrasonolipolyse :*** les ultrasons thérapeutiques de haute fréquence sont utilisés depuis longtemps pour leurs vertus antalgiques et hyperhémiantes. Des ultrasons basse fréquence sont proposés pour le traitement des lipodystrophies. Ils sont supposés avoir trois effets principaux :

– l'augmentation de température des tissus ciblés (hypoderme) ;
– un effet de cavitation qui entraînerait un accroissement de la perméabilité cellulaire des adipocytes ;
– une action mécanique défibrosante des tissus de cloisonnement présents dans l'hypoderme.

ATTENTION : Tous ces soins proposés en instituts de beauté ne sont pas dépourvus d'intérêt, mais ils restent passifs. Or il faut des contractions musculaires (qui supposent votre participation active) pour consommer les graisses mobilisées.

■ *Thalassothérapie et cure thermale*

• ***Aquadrainage lymphatique et aquagym :*** il s'agit d'une gymnastique spécifique exercée dans l'eau pour renforcer les muscles posturaux dont l'action sur le retour veineux est quatre fois supérieure à celle des muscles superficiels, associée aux principes de la méthode Pilates qui renforce particulièrement les muscles agonistes et antagonistes posturaux.

• ***Cellu M6 :*** pour faciliter l'élimination des déchets et mobiliser les graisses.

• ***Électrostimulation :*** voir plus haut.

• ***Massage palpé-roulé :*** manœuvres de massage qui peuvent être effectuées manuellement ou à l'aide d'un appareil. La peau et la graisse sous-cutanée sont soulevées et roulées entre le pouce et l'index, ou les deux rouleaux d'un appareil. D'autres manœuvres peuvent être utilisées suivant les effets recherchés : les appuyés relâchés (manœuvre d'appel du drainage lymphatique) et mouvements de glissé sur la peau (manœuvre de résorption).

• ***Ultrasonolipolyse :*** voir plus haut

■ *Médecine esthétique*

• ***Mésothérapie :*** elle consiste à injecter en sous-cutané des produits ayant une action sur la cellulite, recommandés en cas de troubles circulatoires et de cellulites diffuses. On obtient ainsi une certaine amélioration de la peau d'orange et une diminution des douleurs et gonflement des jambes.

ATTENTION : tous les produits ne sont pas autorisés. En France, seul un médecin a la compétence nécessaire à leur utilisation.

• ***Lipotomie :*** perfusion de substances lipotoniques.

• ***Hypo-osmolaire*** (Injection de solution hypo-osmolaire) : il s'agit d'injecter sous la peau une solution contenant de l'eau, du chlorure de sodium, du bicarbonate de soude et de la xylocaïne, de telle façon que la concentration de la solution soit inférieure à celle du liquide intracellulaire. Proposée par un Américain, le Dr Hoefflin, cette technique a pour but de diminuer la concentration en minéraux dans le liquide interstitiel. Du fait que l'eau circule toujours du milieu le moins concentré vers le milieu le plus concentré, ces injections auront pour conséquence de faire gonfler les cellules graisseuses, les adipocytes. Sous l'effet de cette augmentation brutale de volume, la membrane des adipocytes va se fragiliser et devenir plus sensible à l'action d'un massage effectué juste après les injections.

On obtient ainsi une rupture de la membrane des adipocytes les plus superficiels qui libèrent leur graisse dans le sang et le liquide lymphatique. Le dosage sanguin des triglycérides montre une augmentation importante une heure après une séance d'injections associées aux massages. On peut imaginer qu'il est nécessaire, ensuite, d'effectuer un exercice physique (type aquagymnastique, bicyclette, marche rapide) pour métaboliser ces graisses soudainement libérées et éviter qu'elles ne se restockent dans d'autres parties du tissu sous-cutané.

■ *Chirurgie esthétique*

• ***Liposuccion*** : c'est là sa meilleure indication. Cette technique chirurgicale est utilisée depuis plus de 30 ans. Il s'agit d'aspirer les excès de graisses sous-cutanées profondes, appelées stéatomériès. Appelée aussi lipoaspiration, c'est une technique qui a fait ses preuves et peut améliorer considérablement la silhouette lorsque l'indication est bien posée (cellulite adipeuse, bonne tonicité musculaire et cutanée).

7

La cellulite fibreuse

Les cellulites fibreuses, c'est-à-dire indurées à la palpation, le plus souvent anciennes, sont les plus difficiles à traiter. Le raisonnement doit être identique à celui appliqué à tout trouble chronique : en effet, on peut équilibrer une cellulite comme on équilibre un diabète ou une artériosclérose, mais il n'existe pas de méthode miracle qui guérissent définitivement un dysfonctionnement chronique mettant en jeux plusieurs acteurs.

ALIMENTATION

D'une manière générale, supprimez tous les sucres industriels. Le soir, supprimez tous les sucres lents et les sucres rapides.

Les conseils alimentaires devront logiquement conduire à diminuer la consommation de sucres industriels, éviter les excès de sucre et se méfier, en particulier, des sucres cachés tels les nombreux additifs glucidiques présents dans les plats tout préparés (sorbitol, mannitol, glycérol, isomalt...).

Il faudra également insister sur l'intérêt des substances anti-oxydantes telles la vitamine E, la vitamine C, le bêta-carotène, le sélénium et le zinc.

En ce qui concerne le métabolisme du sucre, il faut se méfier des notions de sucre lent et de sucre rapide. Logique en apparence, et pratique à utiliser, cette classification conduit à des malentendus. En effet, à teneur égale de glucides digestibles, certains sucres réputés lents telles la baguette de pain blanc ou les pommes de terre cuites à l'eau, font monter la glycémie presque autant que du glucose pur. Ainsi des tartines de pain blanc ou de pain de mie (les toasts) font monter la glycémie aussi rapidement qu'un verre de soda sucré. À l'inverse, les fruits, pourtant qualifiés de glucides rapides, du fait de leur richesse en fructose, sont beaucoup moins hyperglycémiants que la plupart des aliments amylacés (qui contiennent de l'amidon), du fait de leur richesse en vitamines du groupe B qui favorisent le métabolisme du fructose et de leur contenu en fibres alimentaires. Parmi les sucres réputés lents, il faut préférer les légumes secs tels les lentilles, les haricots secs et les pois plutôt que le pain blanc et les pommes de terre. C'est la première mesure à conseiller pour diminuer cette hyperglycémie chronique, même modérée, favorisant le mécanisme de glycation du collagène.

En pratique, il faudrait remplacer les notions de sucres lents et de sucres rapides par les notions d'index glycémique et de charge glycémique, et, parmi les sucres lents, favoriser la consommation de légumineuses (lentilles, fèves, pois,…).

Dans la chasse à l'hyperglycémie chronique, il faut également se méfier des allégations « light » des aliments industriels qui sont accordées si la réduction en sucre est d'au moins 25 %. C'est-à-dire qu'un produit dit « light » peut encore contenir 75 % de sucre raffiné par rapport au produit de référence de la même catégorie.

Enfin, de nombreux édulcorants utilisés comme additifs alimentaires sont susceptibles de faire monter la glycémie sans que l'on s'en aperçoive (sorbitol, glycérol…). De même, les faux sucres, telle la saccharine, ayant un pouvoir édulcorant jusqu'à 200 fois supérieur à celui du glucose, s'ils ne font pas monter la glycémie, ils entretiennent une appétence pour le sucré et favorisent peut-être les pulsions irrépressibles et les troubles du comportement alimentaire. Le métabolisme du glucose dépend des autres aliments consommés en même temps et de la richesse en fibres alimentaires qui influencent considérablement la biodisponibilité des glucides. C'est le cas, par exemple, des pâtes alimentaires, qui ont un faible index glycémique à cause du réseau protéique constitué par le gluten du blé dur qui forme une véritable barrière pour les enzymes digestives susceptibles de dégrader l'amidon. Le même type de barrière est retrouvé dans les graines de céréales non broyées, et surtout les légumes secs, dont les parois végétales sont suffisamment épaisses pour résister à la cuisson et à l'action de l'acidité et des enzymes gastriques. Enfin, la mastication permet à l'amidon des légumes secs et des pâtes d'être partiellement digéré grâce à une enzyme de la salive, la ptyaline, puis par les amylases de l'intestin grêle.

D'autre part, la vidange gastrique est ralentie par les graisses. Il a été montré, en réalisant un marquage des pâtes alimentaires par le carbone 13, que l'apparition du glucose venu des pâtes était ralentie par l'ajout d'huile ou de corps gras à ces pâtes. On sait également que le métabolisme du glucose est favorisé par la consommation conjointe de lipides et de vitamines du groupe B.

Enfin, les produits laitiers ont un effet insulino-sécréteur (producteurs d'insuline) important qui n'est, à notre connaissance, pas encore expliqué.

À partir de l'ensemble de ces notions, on peut proposer les conseils suivants :
– favoriser la consommation de fruits, de légumes et de légumineuses ;
– en ce qui concerne les céréales, favoriser la consommation de riz complet, de pain de blé complet ou de seigle, et diminuer la consommation de glucides industriels tel les pétales de maïs, de riz ou de blé soufflé qui s'apparentent davantage à des biscuits qu'à de véritables céréales (le biscuit est ce qui est cuit deux fois). En effet, ces pseudo « céréales » sont aujourd'hui beaucoup plus souvent enrichies en graisse et en sucre que consommées nature. Il faut privilégier la consommation des glucides au cours de repas complets (exceptés les fruits, qui peuvent être mangés isolément), et se méfier de la prise de barres chocolatées ou autres substituts de repas sucrés consommés à la façon d'un grignotage entre les repas, qui font monter fortement la glycémie et favorisent la glycation du collagène.

Parmi les aliments à conseiller, les poissons et les fruits de mer riches en zinc et en sélénium, les protéines de haute valeur biologique tels les viandes, les volailles et les œufs, les corps gras dont les meilleurs sont les noix fraîchement récoltées (moins de 3 mois), les avocats, les olives et les huiles riches en oméga 3 (pépins de raisin, noix, germe de blé, colza), et les produits laitiers dont les meilleurs sont les yaourts entiers et les fromages blancs peu dégraissés (éviter les 0 %).

Aliments conseillés

- **Tous les légumes :** artichauts, asperges, aubergines, blettes, brocolis, carottes, céleris, champignons, choux, choux-fleurs, choux de Bruxelles, concombres, courgettes, cresson, endives, épinards, fenouil, gombos, haricots verts, navets, poireaux, poivrons, radis, salades...
- Blé germé, soja germé
- **Légumes secs et légumineuses :** fèves, lentilles, haricots blancs, haricots rouges, petits pois, pois cassés, pois chiches...
- Riz complet, pâtes complètes, sarrasin, sésame, semoule de blé
- Pain de seigle
- **Poissons gras :** haddock, hareng, maquereau, sardine, saumon sauvage, thon...
- **Fruits de mer :** crabe, crevettes, homard, langouste, langoustines, oursins, coquilles Saint-Jacques, palourdes, praires, bigorneaux, bulots, moules, huîtres...
- **Viandes :** dinde, dindonneau, poulet, veau, foies...
- Œufs (à la coque, de préférence)
- Yaourts nature entiers, fromages blancs à 20 % de matières grasses
- **Tous les fruits :** ananas, kiwis, lychees, mangues, melons, papaye, pêches, poires, pommes...

- Agrumes : citrons, oranges, kumquats, pamplemousses
- Fruits rouges : framboises, fraises, fraises des bois, groseilles, mûres, et plus particulièrement cassis et myrtilles
- Oléagineux : olives, pistaches, amandes, noix et noisettes
- Huile de colza, huile de noix, huile de pépins de raisin, huile d'olive
- Thé vert

Aliments à diminuer

- Compotes de fruits le soir
- Pommes de terre, maïs doux
- Desserts lactés sucrés

Aliments à supprimer

- Tous les sucres lents ou rapides le soir
- Lait
- Jus de fruits conservés
- Tous les aliments à 0 % de matière grasse
- Charcuteries
- Parties grasses de la viande
- Viandes fumées et poissons fumés
- Toutes les graisses cuites et fritures
- Margarine
- Sucres industriels, sodas sucrés ou « light », saccharose
- Plats industriels : soupe, pizza, quiche, plats cuisinés..
- Biscuits apéritif, chips, cacahuètes grillées...
- Pain blanc, blinis, bricks, céréales sucrées du petit déjeuner...
- Viennoiseries, gâteaux, confiseries, confitures, miel...

REPAS TYPE

pour lutter contre la cellulite fibreuse

Le petit déjeuner

> 1 boisson

De préférence sans lait, ni sucre, ni édulcorant
1 thé
ou 1 café pour les accrocs
ou 1 tisane

> 1 sucre lent

1 bol de riz complet
ou 1 bol de sarrasin cuit ou germé
ou 1 bol de sésame concassé cuit
ou 2 ou 3 galettes de riz

> 1 fruit cuit (facultatif)

1 compote de fruits, sans sucre ni édulcorant

> 1 corps gras

1/2 avocat
ou quelques noix fraîches (octobre à mars), amandes fraîches (mars à juin) ou noisettes fraîches (juin à septembre) : il est important de les acheter en coques, conservées à moins de 3 mois pour éviter leur oxydation.
ou un peu de fromage (par gourmandise)
ou une noisette de beurre frais

Facultatif : le petit déjeuner peut également être étoffé avec 1 œuf coque.

Vers 11 h

Si la matinée est très longue

> 1 fruit

1 fruit frais de saison
ou 1 poignée de fruits secs

Le déjeuner

> 1 crudité

Carotte, radis, chou-fleur, céleri branche, fenouil, tomate, concombre, endive, champignon, pousses d'épinard, salades...

> 1 corps gras

Huile de colza et/ou huile d'olive dans les crudités

> 1 protéine animale

Viande maigre, volaille, œuf, poisson gras

> 1 sucre lent

Légumineuse : fèves, flageolets, haricots blancs, haricots rouges, petits pois, pois cassés, pois chiches, pois gourmands, soja vert, lentilles...
ou céréale : riz complet, polenta de châtaigne...

Vers 17 h

Pour lutter contre le petit coup de fatigue de l'après-midi

> 1 fruit frais ou sec

> 1 corps gras végétal

1/2 avocat
ou 1 poignée d'olives noires
ou 1 poignée de noix, amandes...
ou 30 g de chocolat noir (par gourmandise)

Dîner

> 1 protéine animale

Poisson gras, œuf, viande maigre

> 1 légume

À volonté : artichaut, asperge, aubergine, blette, brocoli, céleri branche, céleri-rave, champignon, chou, chou-fleur, chou de Bruxelles, concombre, courgette, cresson, endive, épinard, fenouil, haricot vert, navet, oseille, poireau, poivron, potiron, radis, salade, salsifis...

> 1 boisson

De l'eau ou 1 tisane

UNE SEMAINE DE RÉGIME

anti-fibrose

Petit déjeuner

• 1 thé ou 1 café, sans lait, ni sucre, ni édulcorant
• 2 ou 3 galettes de riz
• 1 fromage blanc à 20 % de matières grasses
• Quelques noix ou noisettes récoltées depuis moins de 3 mois

Vers 11 h

Si la matinée est très longue
• 1 pomme

Déjeuner

• Salade de tomates et concombres + huile de colza et huile d'olive
• 1 escalope de dinde
• Riz complet, oignons et champignons

Vers 17 h

• 1 kiwi
• 30 g de chocolat noir (par gourmandise)

Dîner

• 1 filet de saumon en papillote
• Fenouil braisé
• 1 tisane de *Centella asiatica*

Petit déjeuner

• 1 thé ou 1 café, sans lait, ni sucre, ni édulcorant
• 2 ou 3 galettes de riz
• 1/2 avocat
• 1 fromage blanc à 20 % de matières grasses

Vers 11 h

Si la matinée est très longue
• 1 poignée d'abricots secs

Déjeuner

• Radis rose
• Escalope de dinde
• Fèves, petits oignons et pois gourmands

Vers 17 h

• 1 poire
• Quelques noisettes ou amandes récoltées depuis moins de 3 mois

Dîner

• 1 ou 2 œufs coque
• Asperges vertes
• 1 tisane de reine-des-prés

MERCREDI

Petit déjeuner

- 1 thé ou 1 café, sans lait, ni sucre, ni édulcorant
- 1 bol de lentilles
- 1 poignée de noix, noisette ou amandes récoltées depuis moins de 3 mois

Vers 11 h

Si la matinée est très longue

- 1 pomme

Déjeuner

- 1 salade de tomates et champignons de Paris + huile de colza et huile d'olive
- 1 blanc de poulet fermier
- Flageolets aux oignons

Vers 17 h

- 1 pomme
- 1/2 avocat

Dîner

- 1 filet de cabillaud
- Concassée de tomates, ail et oignons
- 1 tisane de géranium

Petit déjeuner

• 1 thé ou 1 café, sans lait, ni sucre, ni édulcorant
• 1 bol de sarrasin cuit
• 1/2 avocat

Vers 11 h

Si la matinée est très longue
• 1 poignée d'olives noires

Déjeuner

• 1 salade de brocolis vapeur cuits al dente + huile d'olive
• 1 cuisse de poulet fermier rôti (sans la peau)
• Pâtes complètes

Vers 17 h

• 1 poire
• Quelques noix, noisettes ou amandes récoltées à moins de 3 mois

Dîner

• 1 tranche de thon frais
• Haricots verts
• 1 tisane d'orthosiphon

Petit déjeuner

• 1 thé ou 1 café, sans lait, ni sucre, ni édulcorant
• 2 ou 3 galettes de riz
• 1 fromage blanc à 20 % de matières grasses
• 1/2 avocat

Vers 11 h

Si la matinée est très longue
• 1 poignée d'abricots secs

Déjeuner

• Carottes râpées, ciboulette + huile de colza et huile d'olive
• 1 escalope de dinde
• Riz complet et petits oignons

Vers 17 h

• 1 pomme
• Quelques noix, noisettes ou amandes récoltées à moins de 3 mois

Dîner

• Gambas ou crevettes roses
• Asperges vertes
• 1 tisane de queue de cerise

SAMEDI

Petit déjeuner

• 1 thé ou 1 café, sans lait, ni sucre, ni édulcorant
• 1 œuf coque
• 2 ou 3 galettes de riz

Vers 11 h

Si la matinée est très longue
• 1 orange

Déjeuner

• 1 belle tranche de melon
• 1 tranche de rôti de veau
• Lentilles vertes du Puy

Vers 17 h

• 1 poire
• Quelques noix, noisettes ou amandes récoltées à moins de 3 mois

Dîner

• Noix de Saint-Jacques poêlées
• Fondue de poireaux
• 1 tisane de *Centella asiatica*

DIMANCHE

Petit déjeuner

Petit déjeuner léger pour favoriser un dimanche matin sportif

- 1 thé ou 1 café, sans lait, ni sucre, ni édulcorant
- 1 bol de riz complet
- 1 fromage blanc à 20 % de matières grasses

Vers 11 h

Si la matinée est très longue

- 1 poignée de pruneaux

Déjeuner

- 1 salade d'endives
- 1 blanc de poulet fermier (sans peau) en petits dés
- Riz complet et germes de soja

Vers 17 h

- 1 /2 avocat
- 1 pamplemousse

Dîner

- 1 filet de cabillaud en papillote
- Ratatouille
- 1 tisane de queue de cerise

PRINCIPES ACTIFS À RECHERCHER

Gélules, huiles essentielles, compléments alimentaires... Quelles que soient les techniques que vous utiliserez, vous devrez retrouver les principes actifs suivants sur les étiquettes des produits.

La cellulite fibreuse est la plus difficile à traiter. Elle bénéficie néanmoins de principes actifs récemment découverts.

Le tout premier est la *Centella asiatica.* C'est une plante de Madagascar qui contient des substances ayant un effet protecteur et régénérateur du collagène. C'est la plante dont le dossier médical est le plus complet sur l'augmentation de la synthèse du collagène par des cellules du derme et de l'hypoderme appelées fibroblastes. C'est pourquoi elle a tout d'abord été utilisée comme crème cicatrisante pour les plaies. Selon la légende, elle doit son nom indien d'« herbe du tigre » au fait que les tigres du Bengale se roulaient sur la plante pour panser leurs plaies.

C'est un effet similaire, de protection et de stimulation de la synthèse du collagène, que l'on retrouve chez les pépins de raisin dont on isole des substances actives appelées OPC, c'est-à-dire oligomères procyanidoliques. Ces fameux OPC ont une action tellement puissante sur le collagène et la rétention d'eau qu'ils sont à l'origine des produits phares de plusieurs grands laboratoires pharmaceutiques français. Ils stimulent également la résorption du collagène glyqué (déformé par des molécules de glucose).

Une troisième substance vient graver son nom à côté de ces deux merveilleux produits : le **baccharis.** Il s'agit d'une plante herbacée originaire d'Amazonie, déjà connue comme régulateur du poids. Récemment une nouvelle propriété a été mise en évidence : l'inhibition de la sécrétion des métalloprotéases par les cellules graisseuses. Ces métalloprotéases ont fait l'objet de deux publications très récentes issues des travaux de l'équipe du Pr Lafontan de l'INSERM de Toulouse ; ces métalloprotéases agissent au niveau du collagène qui entoure la graisse cellulitique, c'est-à-dire directement sur la fibrose.

Enfin, la fibrose étant liée au phénomène de glycation du collagène, favorisé par l'excès de sucre, les molécules qui peuvent limiter l'entrée du sucre dans les cellules graisseuses sont intéressantes. Il s'agit de la **gluconolactone** extraite du maïs, de la **sphingosine** et des **extraits de pois.**

Comment appliquer les crèmes anti-fibrose ? Elles doivent être appliquées en même temps qu'un massage de type palpé-roulé, plus soutenu que celui qui est conseillé pour l'adipose, en cherchant à assouplir au maximum la peau et le tissu sous-cutané induré.

Ce massage doit être effectué, lui aussi, toujours du bas vers le haut, en remontant vers le cœur, et de préférence le soir après la douche.

Le bénéfice est maximum lorsqu'il est associé à un exercice musculaire de fond, telle une marche d'au moins 45 minutes, une séance de vélo d'appartement d'au moins 20 minutes ou une séance de natation d'au moins 20 minutes. Il s'agit d'effectuer un exercice musculaire suffisamment prolongé pour métaboliser le sucre sanguin et éviter l'hyperglycémie chronique à l'origine du phénomène de glycation du collagène, c'est-à-dire de la fibrose.

ENTRETIEN ET SOINS DU CORPS

Activités physiques

Il faudra augmenter le tonus et le volume global musculaires pour permettre le métabolisme des excès de sucre consommés et limiter ainsi le phénomène de glycation des protéines, notamment du collagène péri-adipocytaire à l'origine de la fibrose. Il faudra également insister sur les muscles petit et grand fessier (qui jouent sur le galbe et la tonicité des tissus).

La cellulite fémorale est le plus souvent associée à un relâchement musculaire, tissulaire et sous-cutané. Comme un tissu froissé qui serait posé sur un socle solide, la peau sera d'autant plus lisse que le tissu musculaire sous-jacent sera tonique. Or, au niveau des hanches et des fesses, il y a souvent une perte du tonus musculaire chez les patientes cellulitiques. Les deux muscles en cause sont le grand fessier et le petit fessier.

Le premier est responsable du galbe des hanches. Le second est responsable de la hauteur de la fesse. L'aspect en violon, souvent observé en cas de cellulite, est lié au fait que la graisse est repoussée en superficie par le plan osseux de l'os iliaque au niveau de la hanche et de la tête du fémur au niveau de la cuisse. Entre ces deux plans, l'insuffisance du développement du muscle fessier entraîne un affaissement responsable de la forme en violon (voir p. 91).

D'autre part, l'aspect de fesse plate, tombante, décrivant un pli fessier faisant un angle de 90° avec la raie fessière au lieu de décrire un arrondi, est lié à une insuffisance du muscle petit fessier.

Il faudra donc faire un ensemble de mouvements de gymnastique visant à renforcer le grand et le petit fessier, tels les mouvements à quatre pattes avec balancement d'une jambe vers le haut (voir p. 129-131).

Quelles activités sportives pratiquer ?
Marcher le plus possible (au moins 40 minutes par jour), 30 minutes de vélo d'appartement et, si possible, 20 minutes de natation. Yoga et stretching sont recommandés.
Quels sports éviter ?
Les sports statiques : bowling, karting, pétanque, char à voile.
Petits « trucs » pour la vie quotidienne :
S'étirer, dès le réveil. Dans la journée, assis sur une chaise, tendre les jambes talons vers le bas et pointe des pieds relevées.

■ *Soins en institut de beauté*

• ***Bains hydromassants :*** jets sous-marins puissants et multiples à action circulatoire.

• ***Cellu M6 :*** meilleure indication. La dernière génération de ces appareils qui existent depuis plus de quinze ans, et qui ont largement fait leurs preuves sur les cellulites fibreuses et la rétention d'eau, est une arme très efficace pour tonifier la peau, affiner la silhouette et assouplir la fibrose. Avec des résultats prouvés par des études publiées dans des revues médicales spécialisées, ce massage mécanique s'effectue en toute sécurité, la dernière génération de ces appareils évitant la survenue de tout effet secondaire.

• ***Massages palpé-roulé :*** manœuvre de massage qui peut être effectuée manuellement ou à l'aide d'un appareil. La peau et la graisse sous-cutanée sont soulevées et roulées entre le pouce et l'index, ou les deux rouleaux d'un appareil. D'autres manœuvres peuvent être utilisées suivant les effets recherchés : les appuyés relâchés (manœuvre d'appel du drainage lymphatique) et les mouvements de glissé sur la peau (manœuvre de résorption).

• ***Massages Tao désinfiltrants :*** ils permettent de lever les tensions des fascias et des muscles par pressions digitales appuyées sur les points d'acupuncture selon la technique du shiatsu, associées à l'utilisation de tampons imbibés d'herbes médicinales (au total 14 plantes), préalablement chauffés.

En particulier, sont stimulés les voies lymphatiques qui assurent la résorption de la rétention d'eau et les points d'acupuncture du foie et du rein, assurant l'élimination des déchets. Ces points sont stimulés par des manœuvres de pression, d'appel et de percussion à l'aide des tampons imbibés d'herbes. À la fin de la séance, le besoin impérieux d'uriner atteste l'efficacité de la technique.

Pour avoir sa pleine efficacité, ce massage Tao désinfiltrant doit être associé à un régime nutritionnel qui consiste, pendant une semaine, à éliminer les protéines de blé, de lait ainsi que tous les produits transformés de l'agroalimentaire. Ce régime repose sur la consommation de sarrasin et de riz complet, cuits à la vapeur (pour éviter de dépasser une température de 180 °C), associés à de l'huile de sésame et du sel marin. Pendant cette semaine, une large consommation de légumes est conseillée en évitant ceux qui sont gorgés d'eau, telles les tomates, les courgettes et les aubergines.

• ***Shiatsu :*** activation de centres réflexes par pression des doigts.

■ *Soins en kinésithérapie*

• ***Appareil Huber :*** cet appareil se présente comme un outil de rééducation extrêmement performant car il agit spécifiquement sur les muscles posturaux. Il répond, grâce à sa plate-forme mobile, aux critères des dernières études Bed-Rest. C'est-à-dire qu'il est capable de renforcer, en particulier, les muscles posturaux, par un travail en résistance concernant à la fois les muscles agonistes et antagonistes. Il a le mérite d'agir à la fois sur les muscles posturaux des membres inférieurs, essentiels pour soutenir nos veines et limiter les phénomènes de rétention d'eau, mais également sur l'ensemble des muscles posturaux de la colonne vertébrale. Il permet globalement d'améliorer la démarche, l'allure et la posture, et de réaligner progressivement l'ensemble des structures.

• ***Massages défibrosants :*** ils visent à stimuler les fibroblastes qui produisent du collagène neuf et à résorber le collagène glyqué (déformé).

■ *Thalassothérapie et cure thermale*

• ***Aquadrainage lymphatique et aquagym :*** pour donner des courbes harmonieuses.

• ***Bains hydromassants :*** action surtout circulatoire et plus modeste sur la fibrose.

• ***Cellu M6 :*** voir p. 153.

• ***Douche à jets :*** pour assouplir la peau et la fibrose.

• ***Massages palpé-roulé :*** la peau et la graisse sous-cutanée sont soulevées et roulées entre le pouce et l'index du masseur, ou entre les deux rouleaux d'un appareil pour stimuler les fibroblastes (voir palpé-roulé, p. 153).

• ***Massages Tao défibrosants :*** pétrissage à action défibrosante.

• ***Shiatsu :*** pressions localisées sur des zones précises du corps, selon les mêmes principes que l'acupuncture, pour stimuler les points actifs sur certains organes (foie, pancréas).

■ *Médecine esthétique*

• ***Mésothérapie :*** elle consiste à injecter en sous-cutané des produits ayant une action sur le collagène, ainsi que des vitamines et des minéraux. Mais son action est modeste sur la fibrose.

■ *Chirurgie esthétique*

Pas d'indication chirurgicale pour la fibrose.

8

La Fast Gym

Une femme sportive pratiquant 2 à 3 heures par semaine de gymnastique en salle entraîne aussi bien les muscles superficiels (qui donnent le galbe) que les muscles profonds (qui agissent sur la posture). La Fast Gym, elle, ne concerne que les trois principaux groupes de muscles posturaux. Pour schématiser, elle représente le « minimum vital » et est donc particulièrement recommandée à celles qui n'ont pas le temps ou l'envie de pratiquer une activité sportive.

LES PRINCIPES DE LA « FAST GYM »

Certains mouvements sont plus efficaces pour la circulation veineuse que d'autres. Il s'agit des exercices musculaires effectués **en résistance**, c'est-à-dire pratiqués contre une force antagoniste, comme l'eau, par exemple. Pour les veines, 8 minutes quotidiennes de gymnastique en résistance impliquant les muscles posturaux sont plus efficaces que 20 minutes de gymnastique « aérobic » impliquant les muscles cinétiques.

En général, on préférera les mouvements faisant intervenir les muscles **agonistes** et **antagonistes** dans le même exercice. La bicyclette, par exemple, qui a la réputation d'être excellente pour la circulation veineuse, ne fait pourtant travailler que les muscles agonistes puisque le pied pousse sur la pédale, sans résistance de la pédale qui remonte. Pour optimiser cet exercice, mieux vaut utiliser une bicyclette aquatique qui, grâce à la résistance de l'eau, permet d'agir simultanément sur les deux groupes musculaires, agonistes et antagonistes, des jambes.

Par ailleurs, les mouvements amples et complets sont préférables aux mouvements rapides mais d'amplitude partielle, comme ceux qu'on effectue le plus souvent sur une musique rythmée en salle de gymnastique. En effet, les muscles sont entourés d'une enveloppe que l'on appelle **fascia** ou **aponévrose** qui perd sa souplesse au fil des ans. À travers cette enveloppe passent de nombreuses veines qui drainent le tissu graisseux superficiel et la peau. Si ces fascias sont rétractés ou fibrosés, le drainage du sang veineux depuis la cellulite vers les veines profondes se fait moins bien. C'est pourquoi il est important de leur garder leur grande souplesse par des mouvements d'étirement et d'assouplissement, en particulier de toute la chaîne musculaire postérieure de la jambe et de la cuisse. Ce sont des mouvements souvent proposés dans les séances de stretching ou de yoga, deux pratiques excellentes pour maintenir un bon retour veineux.

Le programme proposé par la Fast Gym permet de maintenir le tonus musculaire des muscles profonds posturaux et la souplesse des fascias qui les entourent.

Bien évidemment, en matière d'activité physique, si l'on veut améliorer les performances du cœur et surtout du couple cœur-poumons ainsi que la résistance physique, des exercices de fond en endurance d'une durée minimum de 40 minutes sont nécessaires. De même, si l'on veut développer un volume musculaire et améliorer le galbe des jambes, des exercices répétitifs en résistance effectués en série d'une durée globale de 40 minutes sont également nécessaires.

Mais si l'objectif est de contribuer simplement à améliorer la circulation veineuse en conservant des jambes toniques, et que l'on n'a pas le temps ou l'envie d'effectuer 2 ou 3 séances hebdomadaires de gymnastique en salle, la Fast Gym est une réponse. Elle ne transformera aucune femme en athlète de haut niveau, mais elle permettra de conserver le strict minimum nécessaire à un bon équilibre.

La différence entre les muscles posturaux et les muscles du galbe

Au niveau des membres inférieurs, les muscles posturaux sont les muscles profonds. Ils sont situés près des articulations, près des os et assurent la posture, le maintien de la position verticale. Ces muscles posturaux sont les plus importants pour assurer un bon retour veineux. Ce sont, au niveau du bassin, les muscles psoas, au niveau des cuisses, les muscles pectinés et adducteurs, au niveau des mollets, les muscles soléaires.

Au contraire, plus en superficie, d'autres muscles sont responsables du galbe. Ces muscles sont situés juste sous la peau et la graisse. Au niveau du bassin, il s'agit des muscles fessiers, au niveau des cuisses, des muscles quadriceps, et au niveau des mollets, des muscles jumeaux. En cas de cellulite adipeuse et fibreuse, ce sont les muscles à entraîner en priorité, en association avec des activités d'endurance telles la marche prolongée, la bicyclette ou la natation. Pour comprendre le rôle respectif de ces deux groupes de muscles superficiels et profonds, on pourrait comparer le bassin et la colonne vertébrale à la coque d'un navire avec son mât.

Dans le cas du bateau, le mât est soutenu par les haubans. Les voiles qui assurent la propulsion du navire sont également responsables de son galbe, c'est-à-dire de sa silhouette vue de loin.

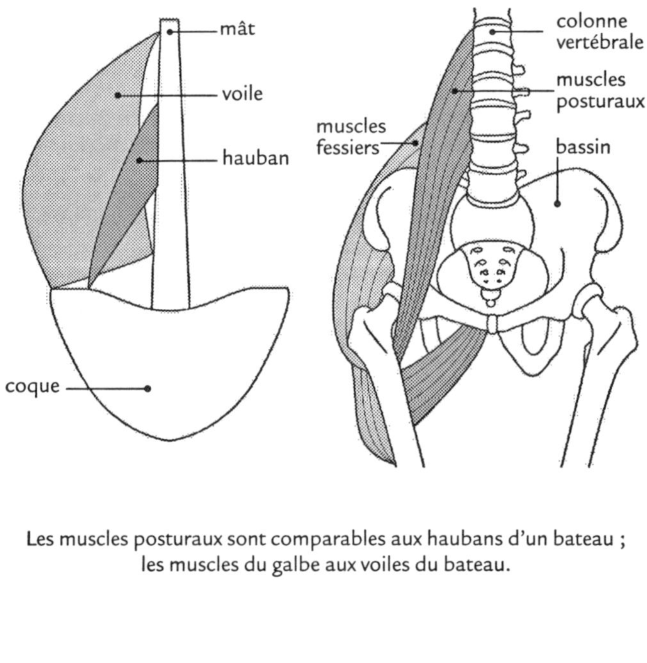

Les muscles posturaux sont comparables aux haubans d'un bateau ; les muscles du galbe aux voiles du bateau.

De la même façon, chez l'être humain, le bassin peut être comparé à la coque du navire, et la colonne vertébrale au mât. Les muscles posturaux (ici le muscles psoas du bassin) seraient comparables à des haubans qui maintiennent la colonne vertébrale et assurent la posture verticale, et les muscles fessiers sont comparables aux voiles responsables du galbe et de la silhouette.

Sur une balance, ces notions de galbe et de posture n'apparaissent pas forcément. Pourtant, ils sont essentiels puisqu'ils jouent sur l'aspect esthétique, la silhouette. En effet, une femme peut très bien ne pas être en surcharge pondérale, mais malgré tout avoir une diminution de sa masse maigre, c'est-à-dire de sa masse musculaire, et une augmentation de sa masse graisseuse. À poids égal, elle sera très bien dans la partie haute de son corps, visage, épaules, poitrine, taille, mais sera « engorgée » en dessous du nombril avec augmentation de la masse grasse et association éventuelle avec une rétention d'eau et une fibrose péri-adipocytaire.

En plus du rôle essentiel des muscles posturaux sur le retour veineux et la limitation du phénomène de rétention d'eau, ces muscles agissent sur la posture. La posture, l'allure générale du corps, n'a pas qu'un intérêt esthétique. Être trop cambrée, avoir le ventre en avant et les épaules voûtées n'est pas seulement disgracieux.

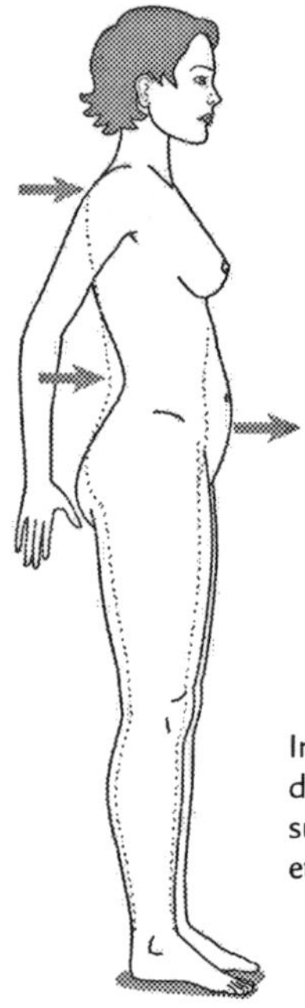

Importance
des muscles posturaux
sur l'attitude générale
et la cellulite

Cela favorise les troubles statiques à l'origine de « chaînes lésionnelles ». D'un point de vue postural, les ostéopathes connaissent bien ce problème qui, probablement, est l'un des facteurs aggravants de la cellulite. Renforcer sa masse musculaire n'a pas qu'un intérêt pour équilibrer sa balance énergétique, c'est-à-dire augmenter la consommation des calories, ni un intérêt seulement pour métaboliser l'excès de sucre consommé (les muscles métabolisent la plupart des sucres que nous mangeons) mais les muscles sont essentiels pour améliorer la silhouette : les muscles du galbe, notamment les fessiers pour éviter l'aspect en « violon », et les muscles posturaux pour l'allure générale et la qualité du retour veineux.

LES MOUVEMENTS DE LA FAST GYM

Nous avons élaboré une gymnastique vasculaire active qui permet en peu de temps d'avoir un effet maximum sur la circulation veineuse, les phénomènes de rétention d'eau, les varicosités et surtout, la cellulite. Les exercices de la Fast Gym permettent de stimuler le couple musculaire psoas-pyramidaux, le couple pectinés-adducteurs, le muscle soléaire du mollet, et d'améliorer le galbe des fesses.

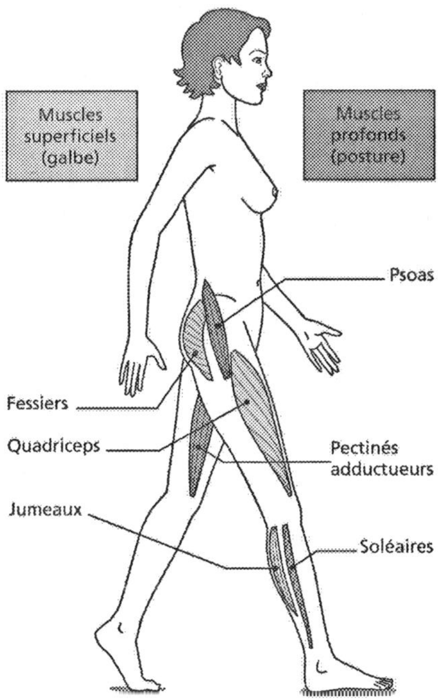

Muscles et postures du galbe

Ils doivent se faire sur un rythme relativement soutenu (chaque mouvement durant environ 1,5 seconde). Mais auparavant, un échauffement peut être nécessaire : 2 minutes de flexions-extensions sur les jambes accroupi-debout.

Développement des muscles psoas : 2 min

Debout
• Mains sur les hanches.
• Buste bien droit.

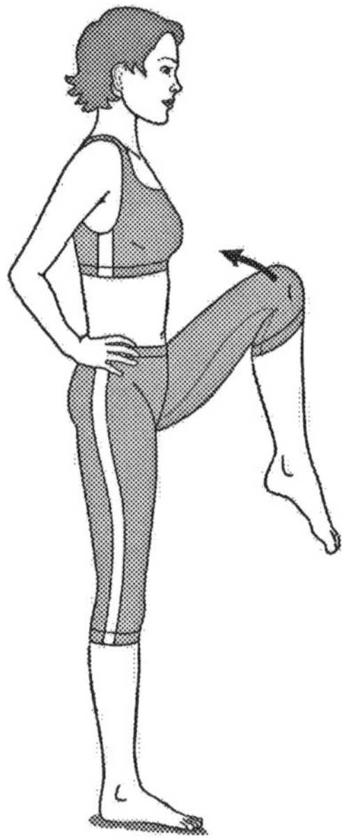

• Élevez le genou le plus haut possible en direction du thorax en fléchissant la cuisse.
• 20 séries sur la jambe droite.
• 20 séries sur le jambe gauche.
• À répéter.
• Rythme : 80 mouvements rapides.

Développement des muscles pectinés et adducteurs de la cuisse : 2 min

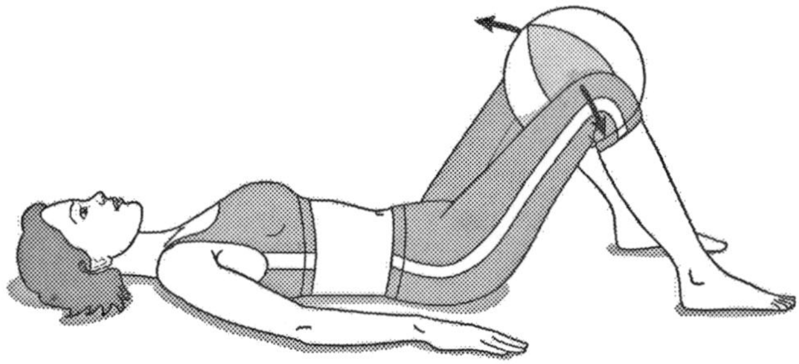

- Allongée sur le sol.
- Un ballon d'enfant de grand diamètre placé entre les genoux.

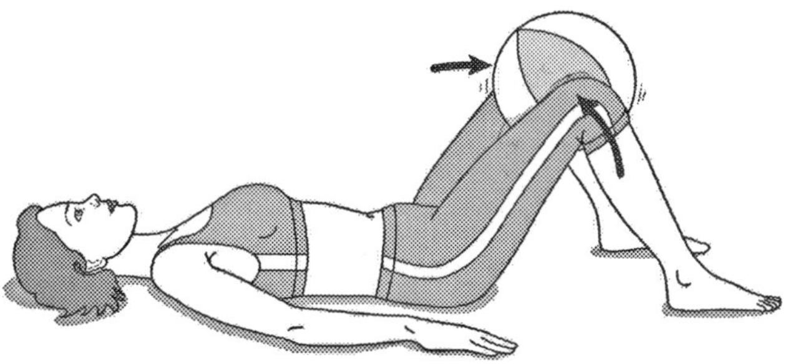

- Rapprochez les genoux en compressant le ballon, qui résiste, tout en maintenant le bassin au sol.
- 3 séries de 20 mouvements.
- Rythme : chaque mouvement doit durer 2 secondes.

Développement des muscles soléaires : 2 min

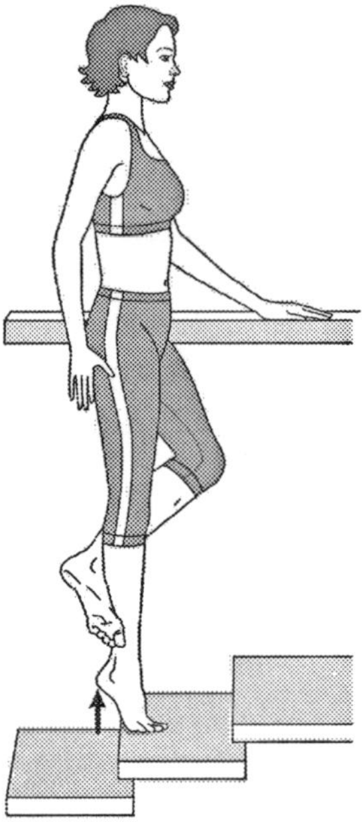

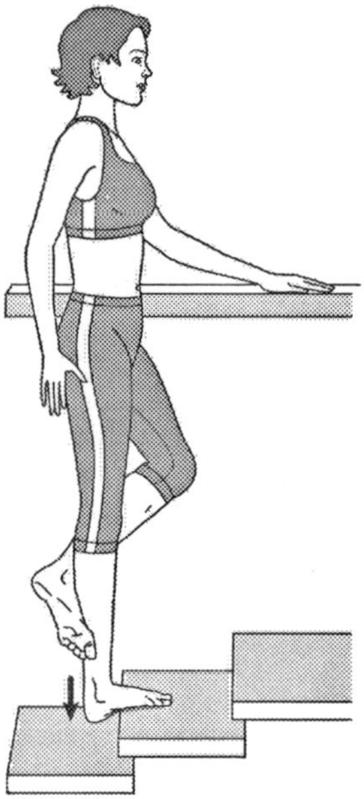

- Debout, en appui sur une jambe, le bout du pied placé au bord d'une marche.
- L'autre pied peut être positionné derrière la cheville de la jambe en action.

- Flexion-extension sur la pointe du pied en descendant le talon plus bas que l'avant-pied.
- 20 séries sur le mollet droit.
- 20 séries sur le mollet gauche.
- À répéter une fois.

Pour renforcer le grand fessier et améliorer le galbe de la hanche, n° 1

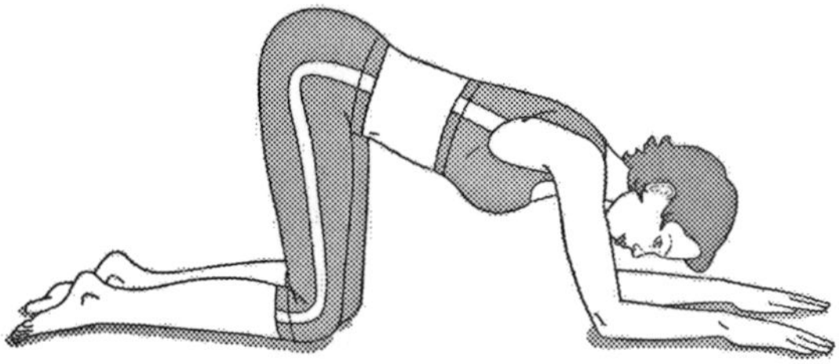

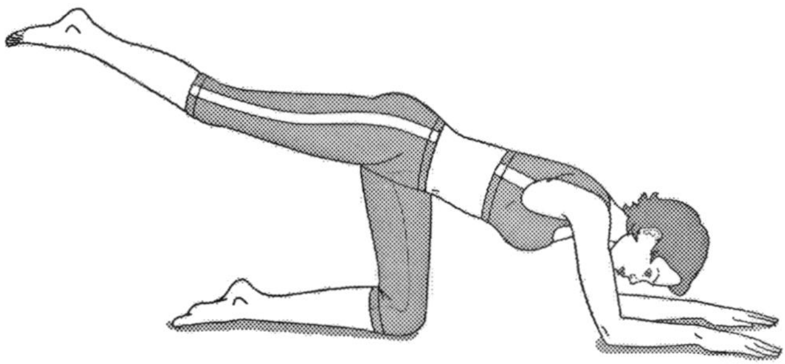

- À genoux, les coudes posés en avant sur le sol, la tête dans le prolongement du corps.
- Levez une jambe tendue vers l'arrière, sans dépasser la ligne qui prolonge l'axe du dos (évitez de cambrer).
- Redescendez la jambe.
- 20 mouvements pour chaque jambe.

Pour renforcer le grand fessier et améliorer le galbe de la hanche, n°2

Amélioration du galbe de la hanche en renforçant le muscle grand fessier (pour éviter l'aspect en « violon »).

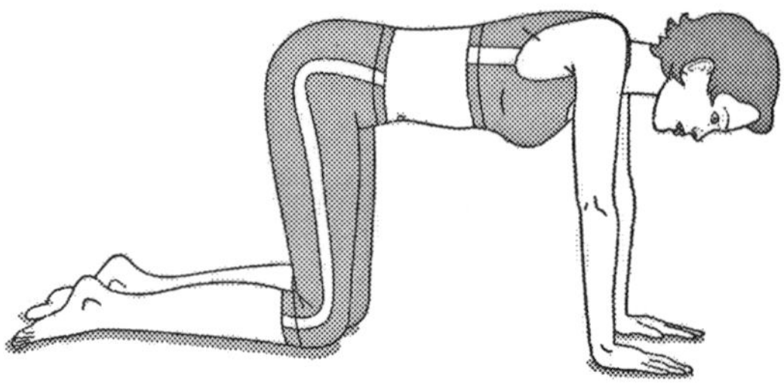

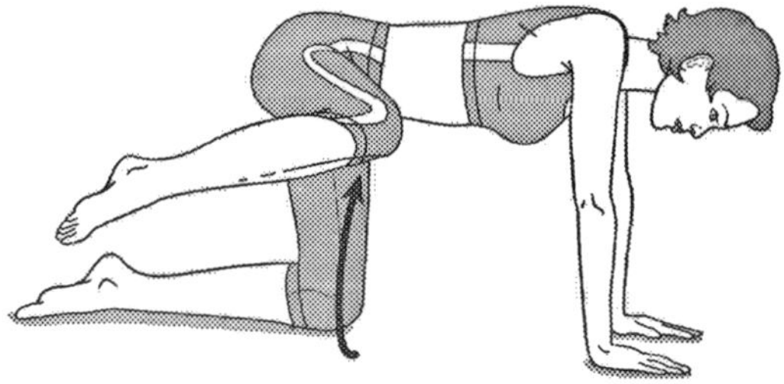

- À quatre pattes, les mains en avant à plat sur le sol, bras tendus, la tête dans le prolongement du corps.
- Levez le genou sur le côté, sans dépasser la ligne qui prolonge l'axe du dos.
- Redescendez-le lentement.
- 20 mouvements de chaque côté.

Pour renforcer le petit fessier et éviter que la fesse tombe

- Debout, le buste droit, un élastique autour des cheville.
- Levez une jambe en arrière, contre la résistance de l'élastique.
- 20 séries jambe droite.
- 20 séries jambe gauche.

Étirements

Chacun de ces mouvements doit être pratiqué pendant 40 secondes.

Étirement 1 : les psoas

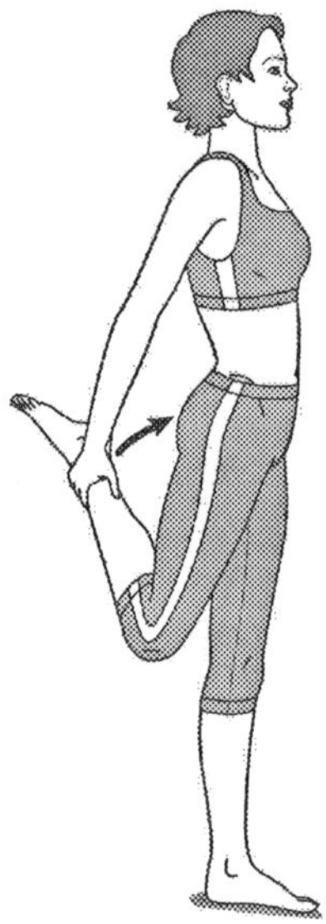

- Au départ, station debout.
- Étirez la jambe en arrière, la main enserrant la cheville.

Étirement 2 : les muscles adducteurs et les pectinés

• Debout, jambe en élévation latérale sur un meuble (ou une barre fixe).

• Fléchissez l'autre jambe, sur laquelle repose tout le poids du corps, pour étirer les muscles intérieurs de la cuisse.

Étirement 3 : les muscles soléaires

• Assise sur le sol, buste droit.

• Ramener le bout des pieds en flexion dorsale le plus près possible vers vous.

ATTENTION. Ces mouvements d'étirement sont très importants pour la souplesse des enveloppes de psoas. Ils conditionnent le bon fonctionnement des veines qui drainent la cellulite. Le dernier est particulièrement important. Il consiste à remonter la pointe du pied vers soi dans ce qu'on appelle une flexion dorsale du pied. L'amplitude de cette flexion dorsale diminue au fil des ans. Elle est de 40 ° chez une personne jeune, mais à partir de la quarantaine, elle va progressivement diminuer (30 °, 20 °, 10 °) pour arriver chez certaines personnes âgées à un état de cheville quasiment bloquée. En dehors des cas d'arthrose, cela est dû le plus souvent à une rétraction de l'enveloppe postérieure des muscles de la jambe. En effet, l'insuffisance de la marche ou le port de talons finit, avec les années, par laisser cette enveloppe se fibroser progressivement. On peut retarder ce phénomène en étirant, chaque fois que cela est possible, le bout du pied, en le remontant en flexion dorsale le plus haut possible, lorsqu'on est assis longtemps au bureau, au restaurant, au cinéma, en avion…

La mobilité de la cheville est un élément important de la qualité du retour veineux. Il est bien connu des médecins qui considèrent qu'une cheville bloquée chez une patiente âgée qui présente un ulcère de jambe d'origine variqueuse a un pronostic assombri par la situation de cheville bloquée ou simplement la diminution d'amplitude de l'articulation de la cheville.

Conclusion

Vaincre la cellulite n'est pas une entreprise à court terme. Il faut raisonner en matière de cellulite comme on le fait dans les autres troubles chroniques tel le diabète. Seule certitude, il n'y a pas de méthode miracle ayant des résultats définitifs sur un court terme. Des différentes techniques proposées, il faut espérer un effet « starter » pour amorcer la fonte de l'adipose, de la fibrose ou de la rétention d'eau.

C'est sur le long terme qu'il faudra raisonner en essayant de rendre compatibles ses contraintes de mode de vie, ses envies et ses besoins. Il faudra progressivement se déshabituer de tous les petits comportements addictifs qui nous rendent dépendant du sucre industriel, des graisses cuites, des additifs alimentaires, comme de l'alcool, du tabac, des médicaments (en particulier des laxatifs, des somnifères et des anxiolytiques).

Toutes ces substances qui se sont immiscées dans notre quotidien nous font perdre progressivement nos « sentinelles de régulation », ces systèmes complexes de régulation qui devraient nous faire désirer les choses dont nous avons réellement besoin. Beaucoup de substances seront malheureusement impossibles à éliminer du fait des contraintes de temps, d'argent ou d'environnement. Il faudra alors compenser par l'activité physique et la consommation régulière d'aliments riches en vitamines, en minéraux et en protéines, et pauvres en additifs alimentaires.

Il faut retenir que, s'il existe des principes de base permettant d'agir sur les cellulites adipeuses, fibreuses et avec rétention d'eau, l'application de ces principes et la méthode varient en fonction des goûts de chacun. Ce qui réussira à l'une ne sera pas forcément l'idéal pour l'autre. Pendant cette période d'étude de soi-même, il est utile d'avoir avec soi en permanence un carnet sur lequel on notera tout ce que l'on mange, son état physique de forme ou de fatigue, son humeur... Petit à petit, cela permettra de dégager ce qui réussit le mieux. En cas d'événement extérieur agressif, stress, chagrin, déception, il faudra apprendre à élargir le système de compensation pour ne pas être fixé sur deux ou trois solutions dont font partie par exemple les compulsions alimentaires.

Cette démarche est relativement astreignante et demande une grande persévérance. Elle est difficile de la même façon qu'il est difficile d'équilibrer un diabète ou une maladie artérielle.

Mais difficile n'a jamais voulu dire impossible.

Annexes

Quels traitements pour quelle cellulite ?

	Cellulite avec **rétention d'eau**
Alimentation	Diminuer les additifs alimentaires, c'est-à-dire les aliments préparés à l'avance et industrialisés, diminuer les aliments conservés. Limiter les produits contenant de la caséine (lait, yaourt, fromage blanc…) favoriser la consommation de fruits rouges (vitamine P) et d'aliments riches en vitamine E.
Activité physique	Gymnastique vasculaire active, Fast Gym, bicyclette aquatique.
Crèmes	Parmi leurs composés, vous devez retrouver vigne rouge, Ginkgo biloba, ruscus, citroflavonoïdes, marron d'Inde, aigremoine, hamamélis…
Kinésithérapie Instituts de beauté	Drainage lymphatique manuel, pressothérapie, Cellu M6, Huber, électrothérapie.
Hydrothérapie Thalassothérapie	Aquadrainage, aquagymnastique, Pilates aquatique.
Traitements médicaux	Injections de substances drainantes (mésothérapie).
Traitements chirurgicaux	Aucun.

Cellulite **adipeuse**	Cellulite **fibreuse**
Diminuer la quantité globale de calories ; diminuer les graisses cuites et les sucres industriels.	Diminuer les sucres industriels ; rechercher les fruits tels les papayes, les ananas ; remplacer le pain blanc et les pommes de terre à l'eau par des légumineuses (lentilles, haricots blancs).
Activité d'endurance seule capable de faire fondre les adipocytes.	Gymnastique des fessiers.
Caféine, géranium, algues marines, *Allium sativum,* forskoline.	Centella asiatica, OPC, baccharis.
Ultrasons, ondes électromagnétiques, électrothérapie (mais action sur la lipolyse non confirmée).	Cellu M6, massages défibrosants, palpé-roulé.
Aquagymnastique prolongée.	Palpé-roulé sous affusions d'eau, massages sous l'eau, jets sous-marins.
Injections de solution hypo-osmolaire ou de substances lipolytiques.	Injections de substances défibrosantes (mésothérapie).
Liposuccion.	Aucun.

Lexique

Connue et reconnue de tous et de toutes, la cellulite fait l'objet d'innombrables publications dans le domaine grand public. Longtemps méprisée par les médecins puisqu'il s'agit d'une simple disgrâce dont l'évolution ne conduit pas à des complications comme une véritable maladie, elle fait pourtant l'objet depuis quelques années de travaux de recherche médicale. Il nous a paru nécessaire d'établir un lexique permettant à chacun, médecins et patients, de bien parler des mêmes choses.

Adipocyte

Issu des racines grecques *adipos* (graisse) et *cytos* (cellule), ce mot désigne les cellules graisseuses qui stockent les excès de graisse. Elles se trouvent sous la peau, dans l'hypoderme. Elles peuvent augmenter en volume jusqu'à 27 fois leur taille initiale, ou en nombre (transformation de pré-adipocytes en adipocytes).

Adipose

Il s'agit de l'augmentation du volume ou du nombre des adipocytes. Ce mot figure dans le dictionnaire Larousse en dix volumes, défini comme une accumulation graisseuse étendue du tissu sous-cutané.

Adiposité

Accumulation locale de graisse dans les tissus sous-cutanés : nuque, abdomen. On parle d'adiposité cervicale ou abdominale. Cette situation peut être créée par la prise de certains médicaments comme la cortisone.

Adrénaline

Neurotransmetteur, c'est-à-dire substance assurant la communication entre les différents éléments du système nerveux sympathique. Découverte en 1898, et appelée également épinéphrine, il s'agit d'une hormone sécrétée par les glandes surrénales (situées au-dessus des reins).

Adrénergique

On parle de récepteurs adrénergiques qui sont situés sur les membranes des adipocytes pour qualifier des récepteurs sensibles à l'action de l'adrénaline. C'est ainsi que l'adrénaline sécrétée par la glande surrénale en cas de grand stress stimule la fonte des graisses. De la même façon, la caféine stimule ces récepteurs adrénergiques et favorise également la fonte des graisses.

AMPc

Abréviation de adénosine-monophosphate cyclique, substance située dans l'adipocyte et dont la stimulation, en particulier par la caféine, favorise la fonte des graisses (lipolyse).

Aquadrainage lymphatique

Méthode de drainage lymphatique efficace sur la rétention d'eau, pouvant être effectuée par aquagymnastique vasculaire ou par bicyclette aquatique. Ce n'est plus alors la main du praticien qui agit sur une jambe passive, mais un drainage actif sur une jambe en contraction musculaire.

Aquagymnastique vasculaire

Il s'agit d'une gymnastique spécifique exercée dans l'eau : les mouvements sont conçus pour renforcer les muscles posturaux dont l'action sur le retour veineux est quatre fois supérieure à celle des muscles superficiels. Elle peut être associé aux principes de la méthode Pilates.

Aromathérapie/Phytothérapie
Il existe sur le marché une grande quantité de préparations à base de plantes qui permettent de lutter contre la cellulite, mais leurs effets paraissent inconstants. En fait, chaque plante a un effet potentiel sur l'un des acteurs de la cellulite : plantes à effet drainant (cellulite avec rétention d'eau), lipolytique (cellulite adipeuse) ou défibrosant (cellulite fibreuse).
S'il est vrai que les plantes n'améliorent pas la cellulite directement, elles agissent sur des métabolismes qui lui sont liés de loin ou de près. Elles agissent également sur la circulation des fluides organiques. Par exemple, les draineurs (vigne rouge, ruscus, coumarine, aigremoine,…) permettent de réduire la rétention d'eau dans les tissus.

Bains dérivatifs
Bains de siège d'eau froide connus depuis l'Antiquité, puis remis au goût du jour par les Allemands Han (1770), Kneipp (1880) et Khune (début du XXe siècle). Sans que l'on ait d'explication scientifiquement démontrée, les auteurs qui en ont fait la promotion ont souligné l'effet stimulant sur l'organisme. À chacun de déterminer si le moment le plus favorable est le matin ou le soir.

Bicyclette aquatique
Bicyclette spéciale (Aquavel®), immergée dans une piscine. Elle permet d'agir sur la rétention d'eau en faisant travailler les muscles posturaux agonistes et antagonistes en résistance (la graisse est prise en étau entre le courant

d'eau, qui masse en surface, et les contractions musculaires, qui agissent en profondeur).

Caféine

Substance alcaloïde tirée du café, du thé ou du maté. C'est un stimulant nerveux et cardiaque, et un diurétique. Au niveau de la cellulite, elle stimule les récepteurs adrénergiques des membranes des adipocytes et favorise la fonte des graisses (lipolyse).

Cellu M6 (voir Endermologie)

Cellulite

Il s'agit d'une lipodystrophie, c'est-à-dire d'une augmentation de la masse grasse de l'hypoderme associée à un phénomène de rétention d'eau et à une fibrose péri-adipocytaire.
Ces trois acteurs, rétention d'eau, fibrose, adipose, sont présents à des degrés variables et permettent de définir trois formes de cellulite.
L'aspect clinique suffit pour diagnostiquer la cellulite : aspect de peau d'orange spontané ou apparaissant lors du pincement cutané en position debout ou couché. Ses deux localisations les plus fréquentes sont la face externe des cuisses (graisse fémorale, culotte de cheval) et la face interne des genoux.

Circulation sanguine

Au niveau des jambes, la circulation sanguine se fait par les artères, qui transportent le sang chargé de nutriments et d'oxygène depuis le cœur vers les tissus (peau, graisse, muscles…), puis par les veines, qui ramènent le sang chargé de déchets et de gaz carbonique depuis les tissus vers le cœur. À ces deux acteurs, artères et veines, s'en ajoutent deux autres : la micro-circulation, constituée par les petits capillaires sanguins qui distribuent le sang à chacune de nos cellules, et les vaisseaux lymphatiques, qui évitent le phénomène de rétention d'eau. Une mauvaise circulation veineuse ou lymphatique constitue l'un des mécanismes à l'origine de la rétention d'eau.

Collagène

Protéine la plus abondante du corps humain, elle constitue le véritable squelette de nos cellules. Il existe différentes sortes de collagène qui entrent dans la composition des tissus conjonctifs ainsi que des os et du cartilage. Sous l'action de la chaleur, le collagène se transforme en gélatine. Il peut se combiner avec le sucre, phénomène appelé « glycation » du collagène, ce qui lui fait perdre ses propriétés de soutien des tissus et favorise les relâchements des tissus. Sécrété par des cellules appelées fibroblastes, les modifications de sa structure et sa sécrétion excessive conduisent au phénomène de cellulite fibreuse, c'est-à-dire de cellulite indurée.

Crèmes amincissantes

Il s'agit de crèmes contenant des substances capables d'agir sur la fonte des graisses (lipolyse) ou sur le drainage de l'excès d'eau en cas de rétention d'eau, ou sur la fibrose péri-adipocytaire.
Parmi les substances qui agissent sur le volume graisseux, il y a celles qui stimulent directement la lipolyse (exemple caféine ou géranium), celles qui bloquent la transformation des pré-adipocytes en adipocytes *(Garcinia cambodgia)*

ou encore celles qui limitent l'entrée des glucides dans les adipocytes (gluconolactone extraite du maïs).
Parmi les substances qui drainent l'excès d'eau, il faut citer le ruscus, l'aigremoine, la vigne rouge, le marron d'Inde, l'hamamélis…
Parmi les substances qui protègent le collagène péri-adipocytaire et limitent le phénomène de fibrose, il faut citer les OPC, la *Centella asiatica*…

Comment optimiser l'efficacité des crèmes amincissantes ?
C'est le rôle des excipients, adjuvants ou véhicules associés aux principes actifs. L'excipient, du latin *excipere* qui veut dire recevoir, doit assurer la stabilité et donc la conservation du principe actif et faciliter son application (sa viscosité doit être suffisamment élevée pour que le produit ne coule pas, sans être trop compact ce qui découragerait l'utilisatrice).
Le produit adjuvant, du latin *adjuvare* qui veut dire assister, seconder, aide le principe actif à jouer son rôle.
Enfin les véhicules sont des molécules qui favorisent le passage transcutané comme les liposomes, les niosomes ou les transférosomes.
On peut également améliorer la pénétration des actifs amincissants grâce à des agents de gommage, l'augmentation de la température cutanée, ou de son hydratation (utilisation après un bain ou une douche) ou encore par occlusion ou massages circulaires.
Reste enfin le choix de la forme galénique : gel (toucher frais, non gras et non collant, mais effet desséchant possible), émulsion simple (parfois instable) ou multiple (texture très agréable sans toucher gras), micro-émulsion, mousse, aérosol. Ce choix influence la texture du produit, mais

également son temps de séchage qui, trop long, n'est pas apprécié car il colle aux vêtements.
La connaissance de tous ces éléments permet de comprendre que le choix d'un principe actif original, de son excipient, son adjuvant ou son véhicule est complexe. C'est l'amélioration de la maîtrise de tous ces éléments qui amène les progrès réalisés dans ce domaine.
La combinaison de principes actifs est souhaitable, mais c'est aussi la qualité du massage qui fait la différence.

Culotte de cheval

En anglais, *jodhpur thighs*. Il s'agit d'un dépôt graisseux situé au niveau des hanches entre l'épine iliaque antérosupérieur en haut et la tête du fémur en bas. Le volume de cette culotte de cheval est lié à la graisse sous-cutanée profonde appelée également stéatomérie. L'aspect capitonné de la peau est liée à la graisse sous-cutanée superficielle qui constitue l'une des localisations de la cellulite.
La liposuccion aspire la graisse de la stéatomérie, c'est-à-dire qu'elle améliore le volume, mais de façon moins importante l'aspect capitonné de la peau liée à la cellulite. C'est tout l'intérêt des méthodes médicales tel les massages, Cellu M6, aquadrainage proposées pour améliorer l'aspect de la peau et la cellulite.

Derme

Partie de la peau située entre l'épiderme (épi = en surface, au-dessus) et l'hypoderme (hypo = en dessous, en profondeur). Le derme contient des vaisseaux sanguins, mais pas d'adipocytes. Il peut gonfler en cas de rétention d'eau.

Drainage lymphatique manuel

Le drainage lymphatique manuel est un traitement sans danger, agréable et relativement efficace s'il est bien pratiqué. Inventé en 1933 par un médecin autrichien, le Dr Vodder, pour le confort de ses patients, cette technique s'est rapidement développée pour des applications médicales, kinésithérapeutiques ou esthétiques tant les bénéfices tirés de ce massage sont nombreux. Les mains, en imprimant dans la peau des mouvements d'appel (appui et relâchement rapides) et de résorption (glissé sur la peau), évacuent le liquide lymphatique vers les ganglions lymphatiques et de là vers le cœur, entraînant ainsi une partie des déchets de l'organisme. Une séance dure au moins 30 minutes. Après une douzaine de séances rapprochées, on peut constater que la rétention d'eau au niveau des cuisses, des bras et des chevilles a diminué. Mais cette méthode passive (la jambe reste immobile) n'agit pas sur les muscles.

Dystrophie

Anomalie de structure de tissu ou d'un organe. La lipodystrophie est une anomalie du tissu graisseux. La cellulite, l'obésité et les stéatoméries sont des lipodystrophies.

Ecchymoses

En langage courant « bleu », c'est-à-dire infiltration de sang qui se produit entre le derme et l'hypoderme. Elle peut être liée à un choc ou spontanée, traduisant alors une fragilité de la circulation veineuse.

Électrothérapie

Il s'agit de la stimulation des contractions musculaires obtenues par l'application d'électrodes sur la peau, dans lesquelles on fait passer un courant électrique. De nombreux appareil existent, dont la fonction diverge en fonction de la nature des courants utilisés : certains appareils visent à renforcer le tonus et le volume musculaires, d'autres agissent spécifiquement sur les muscles qui entourent les veines et donc améliorent le retour veineux et le phénomène de rétention d'eau.

Enveloppements corporels

Il s'agit d'envelopper les jambes et les hanches dans des bandes en plastique souple, après avoir appliqué des crèmes, des algues ou des boues. Cette méthode peut être utilisée pour les boues chaudes, afin de limiter les pertes de chaleur ou, au contraire, avec des produits réfrigérants.

Endermologie (palpé-roulé, Cellu M6)

Le palpé-roulé consiste à saisir un pli de peau et à lui imprimer un mouvement de vague particulier. Le geste est difficile à réaliser manuellement, d'où l'idée de remplacer la main du masseur par une machine. C'est ainsi qu'est née l'endermologie et un appareil, le Cellu M6, qui reproduit le bon mouvement sans pincer ni tirailler. Il est équipé de deux rouleaux motorisés associés à un système d'aspiration. Le massage est ainsi parfaitement contrôlé. Il va relancer les échanges cellulaires, accélérer l'élimination des déchets, de l'eau en excès, et assouplir la fibrose. Une cellulite moyenne nécessite une quinzaine de séances tandis qu'une cellulite compacte et profonde en requiert une trentaine.

Le massage mécanique s'effectue en toute sécurité, la dernière génération de ces appareils, qui existent depuis plus de quinze ans, évitant la survenue de tout effet secondaire. Les résultats sont bons sur la cellulite fibreuse et la rétention d'eau. Ils ont été confirmés par une étude récente en milieu hospitalier (voir Bibliographie, Professeur J.-P. Ortonne).

Fast gym

Version courte (8 minutes) et simplifiée de la gymnastique vasculaire active, permettant de renforcer les muscles posturaux, actifs sur la circulation veineuse et la rétention d'eau.

Fibrose

En anglais, *fibrosis*, il s'agit de la formation pathologique de tissu fibreux. Ce dernier correspond à des anomalies de structure ou de quantité des fibres collagènes et élastine sécrétées par les cellules appelées fibroblastes. Ces cellules se trouvent en particulier dans l'hypoderme et le derme. Le phénomène de fibrose conduit à la formation d'une cellulite fibreuse.

Gymnastique vasculaire active

Méthode de gymnastique originale agissant principalement sur les muscles posturaux des membres inférieurs. Ces muscles sont actifs sur la circulation veineuse et la rétention d'eau. Cette méthode peut se pratiquer chez soi (Fast Gym), en salle ou en piscine (aquagym vasculaire).

Gynoïde

On parle de silhouette gynoïde ou de graisse gynoïde lorsque la graisse se localise préférentiellement sur les hanches ou les cuisses, c'est-à-dire en dessous du niveau de l'ombilic (nombril). Lorsque la graisse se localise au-dessus de l'ombilic, on parle de graisse androïde. La graisse gynoïde, si elle peut être considérée comme disgracieuse, n'est pas associée à une augmentation du risque de maladie cardio-vasculaire, contrairement à la graisse androïde qui augmente le risque d'infarctus et d'accidents vasculaires cérébraux.

Huber

Il s'agit d'une plate-forme initialement conçue pour renforcer les muscles posturaux profonds. Plusieurs études ont montré une amélioration de la coordination chez les sportifs et les sujets sédentaires, ainsi qu'une amélioration de l'équilibre et de la posture. L'appareil se présente comme une plate-forme mobile qui répond aux critères des dernières études Bed-Rest, c'est-à-dire qu'il est capable de renforcer, en particulier, les muscles posturaux par un travail en résistance concernant à la fois les muscles agonistes et antagonistes. Il a le mérite d'agir à la fois sur les muscles posturaux des membres inférieurs qui sont essentiels pour soutenir nos veines et limiter les phénomènes de rétention d'eau, mais également sur l'ensemble des muscles posturaux de la colonne vertébrale. Il permet globalement d'améliorer la démarche, l'allure et la posture, et de réaligner progressivement l'ensemble des structures ostéo-articulaires.

Hydrothérapie
Les soins d'hydrothérapie contre la cellulite comportent une aquagymnastique vasculaire qui renforce les muscles posturaux agonistes et antagonistes (selon les principes de la gymnastique vasculaire active ou Fast Gym et de la méthode Pilates), des jets sous-marins et des bains hydromassants, une technique appelée aquatraining (marche sur un sol souple dans un bouillonnement d'eau fraîche). À ces soins d'hydrothérapie sont associés des techniques permettant de prolonger l'action drainante et défibrosante (Cellu M6), le renforcement des muscles posturaux (appareil Hubber), une technique de massage particulière appelée le massage Tao désinfiltrant qui associe les principes du shiatsu à ceux de l'acupuncture.

Hypoderme
Partie située juste sous la peau (le derme), l'hypoderme contient les adipocytes, cellules graisseuses. Dans la partie superficielle de l'hypoderme se développe la cellulite. Dans la partie profonde de l'hypoderme se développe la stéatomérie.

Hypo-osmolaire (injection de solution hypo-osmolaire)
Il s'agit d'injecter par piqûre sous la peau une solution contenant de l'eau, du chlorure de sodium, du bicarbonate de soude et de la xylocaïne, de telle façon que la concentration de la solution soit inférieure à celle du liquide intracellulaire. Proposée par un Américain, le Dr Hoefflin, cette technique a pour but de diminuer la concentration en minéraux dans le liquide interstitiel. Du fait que l'eau circule toujours du milieu le moins concentré vers le milieu le plus concentré, ces injections auront pour conséquence

de faire gonfler les cellules graisseuses, les adipocytes. Sous l'effet de cette augmentation brutale de volume, la membrane des adipocytes va se fragiliser et devenir plus sensible à l'action d'un massage effectué juste après les injections. On obtient ainsi une rupture de la membrane des adipocytes les plus superficiels qui libèrent leur graisse dans le sang et le liquide lymphatique. Cette action a été démontrée par une étude du Dr Bernstein. Le dosage sanguin des triglycérides (graisse contenue dans les adipocytes) montre une augmentation importante une heure après une séance d'injections associées aux massages. On peut imaginer qu'il est nécessaire, ensuite, d'effectuer un exercice physique (type aquagymnastique, bicyclette, marche rapide) pour métaboliser ces graisses soudainement libérées et éviter qu'elles ne se restockent dans d'autres parties du tissu sous-cutanée.

Hypothalamus

Partie du cerveau qui forme le plancher et la paroi latérale du troisième ventricule. Il intervient dans la régulation de l'appétit pour le sucre.

Indice de masse corporelle (IMC)

Il s'agit du rapport du poids sur la taille au carré. Normalement compris entre 20 et 25, on parle de surpoids lorsqu'il est compris entre 25 et 30, et d'obésité lorsqu'il est supérieur à 30.

Infiltration

L'infiltration d'eau est synonyme de la rétention d'eau. Il s'agit d'une infiltration excessive d'eau qui sort des vaisseaux sanguins pour s'accumuler dans les tissus interstitiels.

Jets sous-marins

Ils permettent d'assurer un drainage encore plus puissant qu'un drainage lymphatique manuel grâce à la puissance d'action de l'eau sur le corps lui-même constitué de 60 % d'eau.
Ces jets sous-marins, orientés tour à tour sur les chevilles, les mollets, les cuisses et les hanches exercent un effet drainant, et associés à l'aquagymnastique vasculaire et à la méthode Pilates, ils permettent d'effectuer un véritable drainage lymphatique actif. La cellulite est alors prise en étau entre l'action superficielle des jets sous-marins et l'action profonde musculaire, d'où le nom d'aquadrainage lymphatique, véritable drainage lymphatique actif où ce n'est plus la main du kinésithérapeute qui travaille sur un corps passif, mais un drainage physiologique effectué par l'eau sur un corps en activité musculaire.

Laser

Les lasers sont proposés depuis très peu de temps dans le traitement de la cellulite. Ils ne sont pas encore validés dans cette indication par de véritables études cliniques.
Deux types de laser seraient susceptibles d'avoir un effet :
- Les lasers transcutanés tel le Nd-YAG dont la profondeur d'action correspond à l'hypoderme, c'est-à-dire là où siègent les adipocytes. Le faisceau laser favoriserait la fonte des graisses, mais le mécanisme de cette action est encore inconnu. Les médecins qui pratiquent cette technique proposent trois à quatre séances à trois semaines d'intervalle. Il n'y a pas d'effet secondaire rapporté.
- Les lasers endograisseux : cette fois-ci la fibre laser n'est pas simplement posée sur la peau, mais introduite sous la peau par une piqûre pour pénétrer directement dans les

cellules adipeuses. La technique est encore très récente et aucune étude à ce jour ne permet d'objectiver le mécanisme d'action ni les résultats.

Lipo-aspiration (ou liposuccion ou liposculpture)
Technique chirurgicale de référence utilisée depuis plus de 30 ans, développée à son origine par les Dr Yves-Gérard Illouz, puis Pierre F. Fournier et Arpade Fischer. Il s'agit d'aspirer les excès de graisses sous-cutanées profondes, appelées stéatomériés. La lipo-aspiration est une technique qui a fait ses preuves et peut améliorer considérablement la silhouette lorsque l'indication est bien posée (cellulite adipeuse, bonne tonicité musculaire et cutanée).

Lipodystrophie
Anomalie de structure du tissu graisseux sous-cutané : l'adipose, la stéatomérie, l'obésité et la cellulite sont des lipodystrophies.

Lipogenèse
Du latin *lipo* : gras, et *genese* : qui génère, et synonyme d'adipogenèse, la lipogenèse est la fabrication et le stockage du tissu graisseux. Il dépend d'une enzyme présente dans l'adipocyte, appelée lipoprotéine lipase. Il s'agit d'un phénomène complexe qui dépend de nombreuses substances sécrétées par les adipocytes : adiponectine, leptine, prostaglandine…
La lipogenèse est favorisée par la sédentarité, les excès alimentaires, certaines hormones comme le cortisol, ou certains médicaments comme la cortisone.

Lipolyse

Fonte du tissu graisseux. Elle est favorisée par certaines hormones comme la thyroxine, hormone thyroïdienne, et la prolactine, hormone de la lactation. La période de lactation est le seul moment physiologique chez les femmes qui favorise la fonte des graisses. De nombreuses substances sont utilisées en crèmes ou en gélules pour stimuler la lipolyse : la caféine, le géranium, l'acide linoléique conjugué (CLA).

Lipodermatosclérose

Il s'agit d'une lésion anatomopathologique qui correspond à une sclérose du tissu graisseux contenu dans l'hypoderme et du tissu conjonctif contenu dans le derme. Ces lésions sont obtenues expérimentalement chez l'animal lorsque l'on crée une stase veineuse. C'est ainsi que l'on a pu démontrer que l'une des principales causes de cellulite était la mauvaise circulation sanguine.

Liposuccion (voir Lipo-aspiration)

Lipotomie (voir Hypo-osmolaire)

Massages

Différents massages sont utiles en cas de cellulite, en particulier après l'application de crème pour potentialiser leur action, ou après injection de produits hypo-osmolaires. Les massages manuels peuvent être à visée lipolytique pour faire fondre le gras, ou drainante pour stimuler la résorption de l'excès d'eau, ou défibrosante pour assouplir les tissus.
Différentes machines proposent également des massages mécaniques, dont le mieux référencé est le Cellu M6.

Massage Tao désinfiltrant

Il permet de lever les tensions des fascias et des muscles par pressions digitales sur les points d'acupuncture selon la technique du shiatsu.

En particulier, sont stimulés les voies lymphatiques qui assurent la résorption de la rétention d'eau et les points d'acupuncture du foie et du rein, assurant l'élimination des déchets. À la fin de la séance, un besoin impérieux d'uriner atteste l'efficacité de la technique. Pour avoir sa pleine efficacité, ce massage Tao désinfiltrant doit être associé à un régime Tao désinfiltrant qui consiste, pendant une semaine, à éliminer les protéines de blé et de lait, ainsi que tous les produits transformés de l'agroalimentaire.

Ce régime repose sur la consommation de sarrasin et de riz complet, cuits à la vapeur (pour éviter de dépasser une température de 180 °C), associés à de l'huile de sésame. Pendant cette semaine, une large consommation de légumes est conseillée.

Masse grasse

Elle se mesure par impédancemétrie. La totalité de la masse grasse du corps humain peut être comprise entre 18 et 25 % de la masse totale pour une femme. Au-delà de 25 %, la quantité de masse grasse est trop importante au détriment de la quantité de masse maigre.

Masse maigre

Elle correspond à la masse musculaire. Il est tout à fait possible d'avoir un indice de masse corporelle normal compris entre 20 et 25, c'est-à-dire de ne pas être obèse, et cependant de ne pas avoir suffisamment de masse maigre. En d'autres termes, la silhouette des femmes peut

être normale, mais malgré tout être trop riche en masse grasse et insuffisamment en muscles (masse maigre). Le manque de masse maigre, c'est-à-dire de masse musculaire, en particulier une insuffisance des muscles posturaux profonds, peut avoir des conséquences sur la circulation veineuse (80 % des veines de la jambe se trouvent dans la masse musculaire).
D'autre part, une part importante du métabolisme des sucres a lieu dans les muscles. Une insuffisance d'activité ou de masse musculaire favorise un état d'hyperglycémie modérée chronique qui est l'un des mécanismes à l'origine du phénomène de glycation des protéines (cellulite fibreuse).

Mésothérapie
La mésothérapie consiste à injecter en sous-cutané des produits ayant une action sur la cellulite : action de stimulation veino-lymphatique, action anti-œdémateuse ou lipolytique…
Elle est recommandée en cas de troubles circulatoires et de cellulites diffuses. On obtient ainsi une certaine amélioration de la peau d'orange et une diminution des douleurs et gonflement des jambes.

Muscles agonistes et antagonistes
Groupes de muscles à l'origine de mouvements opposés (par exemple flexion et extension).

Muscles posturaux
Muscles profonds situés près des os, qui assurent la posture du corps. Ce sont les psoas au niveau du bassin, les pectinés et les adducteurs au niveau de la cuisse, et les soléaires au niveau des mollets.

Œdème
C'est la forme visible de la rétention d'eau qui se traduit par des chevilles gonflées ou l'empreinte laissée sur les jambes de la pression d'un doigt ou de l'élastique des chaussettes. Il peut être lié à une mauvaise circulation veineuse ou lymphatique, à un déséquilibre hormonal, mais aussi à une insuffisance cardiaque, rénale ou hépatique, ou une inflammation (œdème des entorses de cheville).

Ondes électromagnétiques
Les appareils qui génèrent un champ électromagnétique reposent sur une hypothèse : l'application d'un champ électromagnétique sur les zones de cellulite activerait le métabolisme des adipocytes et favoriserait la fonte des réserves énergétiques graisseuses.
L'application de champs électromagnétiques sur l'organisme n'est pas nouvelle : surtout développés dans les pays de l'Est, les champs électromagnétiques ont montré une action sur la dilatation des vaisseaux sanguins, l'amélioration de la micro-circulation et l'augmentation de la saturation en oxygène du sang. Les ondes électromagnétiques sont également largement utilisées en kinésithérapie pour leurs effets contre la douleur. En revanche, il n'existe pas, à notre connaissance, d'études publiées sur leur action au niveau des cellules graisseuses.

Palpé-roulé
Manœuvre de massage qui peut être effectuée manuellement ou à l'aide d'un appareil. La peau et la graisse sous-cutanée sont soulevées et roulées entre le pouce et l'index, ou les deux rouleaux d'un appareil. D'autres manœuvres peuvent être utilisées suivant les effets recherchés : les

appuyés relâchés (manœuvre d'appel du drainage lymphatique) et mouvements de glissé sur la peau (manœuvre de résorption).

Peau d'orange
Aspect capitonné de la peau qui peut s'observer spontanément ou lors de pincement cutané, et qui caractérise la cellulite.

Peptides
Association d'acides aminés qui constituent une fraction de protéine.

Percutané
Qui se fait à travers la peau. Lorsqu'une substance est appliquée sur la peau et pénètre à travers la peau, on parle de son absorption percutanée.

Pilates (méthode)
Méthode de gymnastique proposée par Joseph H. Pilates, né en 1880 près de Düsseldorf en Allemagne. Cette méthode permet de renforcer les « muscles faibles », en particulier les muscles posturaux.
Les mouvements pratiqués isolément, ou à l'aide d'un appareil (lit coulissant muni de ressorts et de poulies), permettent de renforcer sélectivement des muscles habituellement peu sollicités.
De la même façon que la méthode Mézières, qui vise à détendre sélectivement les muscles antagonistes, la méthode Pilates tient compte de façon intelligente de la physiologie musculaire de notre corps.
Les principes récents proposés dans la gymnastique vas-

culaire active, qui repose sur les dernières études Bed-Rest, s'inspirent des méthodes Pilates et Mézières pour agir sélectivement sur les muscles posturaux, agonistes et antagonistes, en résistance, au cours de mouvements amples et complets, afin d'obtenir un étirement des fascias qui enveloppent les muscles.
Cette méthode a fait ses preuves dans l'amélioration de la circulation veineuse et la diminution de la rétention d'eau.

Plates-formes vibrantes

D'introduction récente en France, utilisées depuis plus longtemps dans les pays nordiques, ces plates-formes permettent d'effectuer des exercices de contraction isométrique sur une plate-forme à vibrations rapides. Initialement proposée pour leur action sur les muscles, elles pourraient également améliorer la rétention d'eau. Cette action est envisageable à condition que s'exerce une pression sur les tissus. En effet, pour vider une bouteille d'eau ouverte maintenue verticale, le simple fait de la secouer ne suffira pas. Par contre, si on la retourne, on crée un gradient de pression lié à la pesanteur qui permettra sa vidange. Dans le cas des plates-formes, la différence de pression peut être obtenue par des contractions musculaires. Reste à réaliser des études cliniques pour démontrer son effet dans la réalité.

Poids de forme

C'est le poids que l'on peut raisonnablement fixer comme objectif, indépendamment de toute échelle ou moyen statistique, et qui correspond à sa propre sensation de bien-être.

Pressothérapie

C'est une technique de drainage, mécanique et pneumatique. Elle opère un massage par compression et décompression de divers accessoires, bottes, manchons, etc., séparés en alvéoles indépendantes qui se remplissent puis se vident d'air successivement et exercent ainsi des pressions multiples et douces sur la partie du corps traitée. La circulation est activée et les toxines mieux éliminées. Utilisée d'abord en kinésithérapie, la technique a fait ses preuves pour traiter certains problèmes circulatoires veineux liés à la cellulite.

Stretching

Méthode d'étirement des muscles fascias et de leurs enveloppes, les fascias. Les manœuvres d'étirement sont présentes dans les méthodes de gymnastique physiologique telle la méthode Pilates, Mézières, ou la gymnastique vasculaire active (Fast Gym). L'observation des mouvements des animaux montre qu'ils savent d'instinct comment s'étirer de façon continue et naturelle. Presque méthodiquement, ils opèrent un étirement progressif des chaînes musculaires successives. Chez l'homme, l'étude de la rétraction des fascias avec l'âge permet de supposer le bienfait des méthodes d'étirement.

Rétention d'eau

Le corps est constitué de plus de 60 % d'eau. Chaque jour, une partie de cette eau est filtrée depuis les vaisseaux capillaires artériels vers nos cellules. Puis la totalité de l'eau filtrée est ensuite réabsorbée par les capillaires veineux et lymphatiques. Le terme de rétention d'eau correspond à une filtration d'eau supérieure à la réabsorption par les

capillaires veineux et lymphatiques. Lorsqu'elle est modérée, la rétention d'eau n'est pas forcément visible. Mais l'on se sent néanmoins « gonflée », particulièrement avant les règles, lorsqu'il fait chaud, lorsque l'on prend l'avion...
Lorsque le phénomène de rétention d'eau est important et devient visible, on parle d'œdème.

Rétention hydropeptidique

Lors de la consommation de certaines protéines chimiques utilisées comme additifs alimentaires pour améliorer la texture des aliments industriels, ces protéines sont incomplètement dégradées par notre tube digestif. Elles restent à l'état de « morceaux de protéine » appelés peptides. Ces peptides peuvent passer dans les tissus interstitiels et favoriser la rétention d'eau. Leur effet sera mieux compris à travers l'évocation d'un cas clinique :

Jeune fille présentant une rétention d'eau liée à une intolérance alimentaire

Une jeune fille de 24 ans se plaint d'un phénomène de rétention d'eau généralisée associant des paupières gonflées au réveil, des doigts boudinés gênant le passage de bagues à une sensation générale de congestion des jambes, avec des poussées qui sont indépendantes des règles et de la chaleur.
L'examen clinique ne retrouve aucun signe d'insuffisance veineuse ou lymphatique. Aucun signe de déséquilibre hormonal (pas de kyste mammaire, règles régulières et non douloureuses, pas de syndrome prémenstruel). En revanche, l'interrogatoire alimentaire révèle un déséquilibre malgré l'absence de surpoids. L'alimentation comporte peu de produits frais et un excès de produits transformés, tels les plats achetés tout préparés. Le petit déjeuner comprend des tartines de pain de mie beurrées

à la confiture et des biscuits dits diététiques car allégés en graisses. Notre patiente a particulièrement remarqué une sensation de congestion nasale juste après le petit déjeuner. L'établissement d'un carnet alimentaire est mis en place, permettant l'éviction de certains produits de l'industrie agroalimentaire contenant des protéines émollientes (pain de mie, biscuits, charcuterie, pizza). Ces simples mesures d'hygiène alimentaire ont suffi dans ce cas idéal à diminuer considérablement les troubles, sans utilisation d'aucun médicament. Malheureusement, la plupart du temps, on se heurte aux contraintes de mode de vie ou de goût, ou encore à l'association de plusieurs mécanismes intriqués, intolérance alimentaire avec insuffisance veineuse ou déséquilibre hormonal.

Rétention hydrosodée

Il s'agit d'une rétention d'eau liée à un excès de sel. Le mécanisme est complexe, faisant intervenir des hormones, telle que l'hormone antidiurétique ou vasopressine. L'eau est retenue dans le sang, ce qui déclenche la sécrétion d'une autre hormone, l'aldostérone, qui contrôle l'excrétion du sel par les reins. Grâce à cette régulation, la consommation excessive de sel n'entraîne pas une rétention d'eau durable. Le sel n'entraîne une rétention d'eau que chez les personnes ayant une anomalie de ce mécanisme de régulation.

Retour veineux

La circulation dans les jambes se fait par deux sortes de vaisseaux : les artères qui amènent le sang frais et apportent à nos tissus de quoi les nourrir ; les veines qui ramènent le sang chargé de toxines vers le cœur et les poumons. Elles assurent donc un rôle de drainage. Le sang doit remonter depuis les pieds vers le cœur. Lorsque nous sommes en station debout ou assise prolongée, le poids du sang tend à dilater nos veines. Les veines saines ont une paroi suffisamment solide pour résister à cette pression et rester fines. Les veines fragiles auront, en revanche, tendance à se dilater ; le sang chargé de toxines remontera alors avec difficulté vers le cœur. On parlera de mauvaise circulation veineuse, de mauvais retour veineux ou d'insuffisance veineuse. Lorsque la situation devient chronique, et que des complications apparaissent, des varices, des varicosités, on parle de maladie veineuse.

Stéatoméries
Partie de la graisse sous-cutanée située en profondeur, près des muscles. À l'opposé, la cellulite est une graisse sous-cutanée située en surface près de la peau.

Stress
C'est un ensemble de réactions biologiques et psychologiques qui se déclenchent dans l'organisme lorsque celui-ci doit faire face de façon soudaine à une agression.
Le stress aigu, par exemple une peur soudaine créée par un choc (collision en voiture, agression…), a tendance à stimuler la lipolyse, c'est-à-dire la fonte des graisses, mais sur une très courte période.
Au contraire, le stress chronique (sentiment prolongé de pénibilité, d'injustice, de rancœur) favorise la lipogenèse, c'est-à-dire le stockage des graisses.

Thermogenèse
Production de chaleur par l'organisme pour maintenir la température du corps à 37 °C. En particulier, cette pro-

duction de chaleur, c'est-à-dire d'énergie, peut être faite en puisant dans les réserves de graisses.
S'il est communément admis qu'un panicule graisseux qui enveloppe le corps protège du froid, en pratique on constate souvent que les grands obèses peuvent être très frileux. La régulation de la température du corps dépend beaucoup de certaines hormones, comme les hormones thyroïdiennes. Mais d'une façon globale, le froid a une action extrêmement bénéfique sur le corps humain, en particulier les bains et douches froids, ou, au minimum, les bains de siège froids.

Topique

Se dit d'une substance à usage externe, telle une crème, qui agit localement à l'endroit de son application.

Supplémentation en rétinol

Le rétinol est une des deux formes de la vitamine A. Une petite étude récente avec placebo a démontré que l'application topique d'une crème contenant du rétinol avait donné des résultats positifs dans le traitement de cellulites moyennes et légères.

Ultrasons

Les ultrasons thérapeutiques de haute fréquence sont utilisés depuis longtemps pour leurs vertus antalgiques et hyperhémiantes et surtout assouplissantes. Les ultrasons de basse fréquence sont proposés pour le traitement des lipodystrophies. Ils sont supposés avoir trois effets principaux :
– l'augmentation de température des tissus ciblés (hypoderme) ;

– un effet de cavitation qui entraînerait un accroissement de la perméabilité cellulaire des adipocytes ;
– une action mécanique défibrosante des tissus de cloisonnement présents dans l'hypoderme.
Différents appareillages existent, utilisant des paramètres différents et des protocoles particuliers. L'absence de standardisation de la méthode rend sa validation difficile.

Vaisseaux (capillaires, artériels, veineux, lymphatiques)
Terme général désignant les canaux par lesquels circulent le sang ou la lymphe.
Les artères partent du cœur et amènent le sang « frais » riche en oxygène et en nutriments pour nourrir les tissus.
Les vaisseaux capillaires artériels distribuent ce sang frais à chacune de nos cellules. Pour nourrir les dix mille milliards de cellules qui constituent notre corps humain, nous avons besoin de plus de 300 000 kilomètres de vaisseaux capillaires artériels. Ces vaisseaux très fins, invisibles à l'œil nu (0,0001 mm) se prolongent par les vaisseaux capillaires veineux qui ramènent les déchets et le gaz carbonique des cellules.
Les veines font suite aux vaisseaux capillaires veineux, pour ramener le sang chargé de toxines vers le cœur et les poumons.
Les vaisseaux lymphatiques ramènent la lymphe qui contient de l'eau, des sels minéraux, des protéines et des particules de graisse.

Varicosité
Petite veinule située dans la peau, dans le derme, qui devient visible lorsqu'elle est dilatée et qui traduit une mauvaise circulation veineuse, appelée aussi mauvais retour veineux ou insuffisance veineuse.

Vasoconstriction
Diminution du calibre d'un vaisseau.

Vasodilatation
Augmentation du calibre d'un vaisseau.

Vergetures
Petites rayures blanchâtres visibles sur la peau des cuisses, des seins ou du ventre, dues à la distension des fibres de collagène et d'élastine du derme. Elles s'observent surtout lors de la grossesse, de la prise de poids ou dans certaines maladies (maladie de Cushing).

Pour en savoir plus

• Sur les cures d'hydrothérapie :
www.thermes-sextius.com
N° vert 0800 639 699

• Sur la bicyclette aquatique, la gymnastique aquatique à Paris, les plates-formes vibrantes :
Institut Cellulite Aquagym
www.institut-cellulite-aquagym.com
N° vert 0800 123 125

• Pour le laser et les injections hypoosmolaires :
CLMF, N° vert 0800 266 179

• Pour le Cellu M6 :
www.lpgsystems.com

• Sur la cellulite :
www.groupe-cellulite.com
www.doctissimo.fr

Bibliographie

Birnbaum L., « Addition of conjugated linoleic acid to herbal anticellulite pill », *Advances Therapeutics*, 2001, 18, 5, 225-9.

Blanchemaison P., « Peut-on quantifier la rétention d'eau dans l'œdème des membres inférieurs ? », *Phlébologie*, 1999, 42, 1, 151-156.

Blanchemaison P., « Rétention d'eau et surpoids », *Nutritions*, 2004, 2, 8-13.

Blanchemaison, « La cellulite : de la physiopathologie à la classification IFAT », *Actualités Vasculaires Internationales*, 2000, 85, 15-19.

Blanchemaison P., « La gymnastique vasculaire active (GVA) : principe et technique », *Angiologie*, 2003, 55, 4, 46-51.

Blanchemaison P., « L'aquadrainage lymphatique : une nouvelle méthode de traitement de la rétention d'eau et de l'œdème des membres inférieurs », *Phlébologie*, 2004, 57, 1, 75-80.

Blanchemaison P., Diridollou S., Cauquil J., Poulain D., « L'indice de rétention d'eau : une nouvelle méthode de quantification par échographie de haute fréquence de la cellulite », *Actualités Vasculaires Internationales*, 2000, 85, 6-11.

Blanchemaison P., Elia D., Hagège J.-C., Lafontan M., Mauriac J., Mimoun S., Môle B., Raison J., *La Cellulite*, Privat, Paris, 1997.

Blanchemaison P., Elia D., Hagège J.-C., Lafontan M., Mauriac J., Mimoun S., Môle B., Raison J., « Méthodes d'évaluation de la cellulite : indice de rétention d'eau et Celluscore », *Journal de Médecine esthétique et de Chirurgie dermatologique*, 2004, 31, 121, 48-54.

Blanchemaison P., Louisy F. et coll., « Évaluation de l'aquadrainage lymphatique dans le traitement de l'œdème vasculaire des membres inférieurs et de la rétention d'eau », *Genesis*, 2004, 93, 20-23.

Blankson H., Stakkestad J-A., Fagertun H., Thome, Wadstein J., Gudmundsen O., « Conjugated linoleic acid reduces body fat mass in overweight and obese humans », *Journal of Nutrition*, 2000, 130, 2943-2948.

Fantino A.-S., *Acides linoléiques conjugués et composition corporelle : étude pilote de l'efficacité et de la tolérance chez le sujet humain*, Thèse de doctorat en médecine, Université Claude Bernard, Lyon I, 2001.

Garbner M., *Absorption of intact peptides. Physiology of the gastro intestinal tract*, Raven Press, New York, 1994, 1795-1820.

Lafontan M., Berlan M., « Fat cell adrenergic receptors and the control of white and brown fat cell function », *Journal of Lipidic Research*, 1993, 34, 1057-1091.

Lafontan, M., « Régulation adrénergique de la lipolyse et de la vascularisation du tissu adipeux », *Revue du Praticien*, 1994, 44, 19-23.

Leduc A., *Le Drainage lymphatique manuel*, Masson, Paris, 1986.

Lotti T., Ghersetich J., Grappone C. et al., « Proteoglycans in so-called cellulite », *International Journal of Dermatology*, 1990, 29, 4, 272-4.

Merlen J.-F., Curi F.-B., Sarteel A.-M., « La cellulite, affection micro-vasculo-conjonctive », *Phlébologie*, 1979, 3, 279-282.

Merlen J.-F., Curri F.-B., « Raisons anatomo-pathologiques de la cellulite », *Journal des Maladies Vasculaires*, 1984, 9, 53-54.

Noone E.-J., Roche H.-M., Nugent A.-P., Gibney M.-J., « The effect of dietary supplementation using isomeric blends of conjugated linoleic acid on lipid metabolism in healthy human subjets », *British Journal of Nutrition*, 2002, 88, 243-251.

Ortonne J.-P., Queille-Roussel C., Duteil L., « Traitement de la cellulite : efficacité et résultat à 6 mois de l'endermologie », *Nouvelles Dermatologiques*, 2004, 23, 261-269.

Sainio E.-L., Rantanen T., Kanerva L., « Ingredients and safety of cellulite creams », *European Journal of Dermatology*, 2000, 10, 8, 596-603.

Theys S., « La pressothérapie dans les affections veineuses des membres inférieurs », *Kinésithérapie Scientifique*, 2001, 412, 11-6.

Toledo L.-S., « Syringe liposculpture : two-year experience », *Aesthetic Plastic Surgery*, 1991, 15, 4, 321-6.

Conception graphique : Stéphanie Le Bihan

Impression Bussière en avril 2005
Editions Albin Michel
22, rue Huyghens, 75014 Paris
www.albin-michel.fr

ISBN 2-226-15724-7
N° d'édition : 23176. – N° d'impression : 051354/1.
Dépôt légal : avril 2005.
Imprimé en France.